Katharina Resch
Schulische Inklusion

Katharina Resch

Schulische Inklusion

Im Spannungsfeld von Kinderrechten, pädagogischer Fürsorgepflicht, Bildungsgerechtigkeit, Anti-Diskriminierung und Anerkennung

Verlag Barbara Budrich
Opladen • Berlin • Toronto 2023

Bibliografische Information der Deutschen Nationalbibliothek
Die Deutsche Nationalbibliothek verzeichnet diese Publikation in der Deutschen Nationalbibliografie; detaillierte bibliografische Daten sind im Internet über https://portal.dnb.de abrufbar.

Gedruckt auf säurefreiem und alterungsbeständigem Papier

www.budrich.de

ISBN 978-3-8474-2693-6 (Paperback)
eISBN 978-3-8474-1930-3 (PDF)
DOI 10.3224/84742693

Umschlaggestaltung: Bettina Lehfeldt, Kleinmachnow – www.lehfeldtgraphic.de
Titelbildnachweis: stock.adobe.com
Typographisches Lektorat: Angelika Schulz, Zülpich
Druck: docupoint GmbH, Barleben
Printed in Europe

Vorwort

Für die Entstehung dieses Buches waren mehrere universitäre Lehrveranstaltungen der Autorin leitend, die die Gestaltung inklusiver Bildungsprozesse in Deutschland und in Österreich zum Thema hatten, sowie die entstandene Notwendigkeit, diese Lehrveranstaltungen für künftige Lehrpersonen an Schulen gleichzeitig theoriegeleitet sowie praktisch anwendbar zu gestalten. Die Konzeption, Abhaltung und Evaluierung dieser Lehrveranstaltungen haben dazu geführt, dass die Autorin diese inhaltlich an fünf für (künftige) Lehrpersonen relevantesten Spannungsfeldern ausgerichtet und mit praktischen Fallbeispielen untermauert hat. Dabei stehen menschenrechtliche, diskriminierungskritische und ethische Fragen einer gelungen pädagogischen Praxis der Inklusion stets im Vordergrund.

Die Inhalte und Übungen sind mehrfach erprobt und sprechen Lehrpersonen nachhaltig in ihrem Bedarf an, mit einer diversen Schüler*innenschaft umzugehen. Hierbei spielen Behinderungen, Migrations- und Fluchthintergrund, Geschlecht, Alter, Sexualität und andere Differenzlinien der Schüler*innen eine immer bedeutendere Rolle für Lehrpersonen und künftige Lehrpersonen im Umgang mit heterogenen Klassen. Damit Lehrpersonen und künftige Lehrpersonen informierte Entscheidungen in der Gestaltung inklusiver Bildungsprozesse treffen können, stellt das Buch eine wichtige – theoriegeleitete sowie praxeologische – Grundlage für den Unterricht dar.

Das Buch richtet sich in erster Linie an Lehrpersonen an Schulen, an künftige Lehrpersonen (Studierende des Lehramts) sowie an Hochschullehrende, die Seminare zu Inklusion, Diversität und Vielfalt unterrichten.

Die Autorin bedankt sich bei Tina Obermayr und Wibke Trittmann für die wertvollen Kommentare und Korrekturhinweise zum Manuskript sowie bei der Interpretationsgruppe unter der Leitung von Käte Meyer-Drawe im Rahmen eines Workshops im September 2022 an der Universität Wien für methodische Hinweise zu den Fallbeispielen. Besonderer Dank gebührt sechs Studierenden der Universität Koblenz-Landau, die zu den Fallbeispielen beigetragen haben: Michelle Bechtold-Betoulle, Lea Conzelmann, Henrike Kessler, Ina Klas, Laura Schwab und Lina Vorbrugg.

Katharina Resch
Wien, November 2022

Inhaltsverzeichnis

1 Einleitung

Die Auseinandersetzung mit Inklusion in Schulen legt unvermeidliche Widersprüche zwischen Inklusionsanspruch und der schulischen Realität offen (Graumann 2018). Auf der einen Seite werden Schüler*innen mit Behinderungen oder Migrations- und Fluchthintergrund immer noch in Sonderschulen oder separaten Klassen unterrichtet und damit von ihren Mitschüler*innen getrennt und separiert. Andererseits ist jede Schule aufgefordert, sich mit Inklusion auseinanderzusetzen, um zu einem chancengerechten Bildungssystem in Deutschland, Österreich und der Schweiz beizutragen. Was aber bedeutet dies für die einzelne Lehrkraft? Wie kann eine inklusive Schule für *alle* Schüler*innen hergestellt werden?

Das Buch setzt sich grundlegend mit fünf Themen auseinander, die im Spannungsfeld mit Inklusion bestehen: (1) Inklusion, Menschen- und Kinderrechte für *alle* Schüler*innen, (2) Inklusion und pädagogische Fürsorgepflicht, (3) Inklusion und Bildungsgerechtigkeit, (4) Inklusion und Anti-Diskriminierung von diversen Schüler*innengruppen und (5) Inklusion und Anerkennung in inklusiven Bildungsprozessen. Es bietet einen fundierten Einblick in aktuelle Problemlagen des *Inklusionsanspruchs*, wie etwa in der UN-Kinderrechtskonvention gefordert, und der *Inklusionsrealität*, wie etwa in konkreten Anerkennungssituationen im Unterricht. Das Buch arbeitet mit Übungen und praktischen Fallbeispielen aus der pädagogischen Praxis und bietet Einblicke in praktische Unterrichtssituationen mit diversen Schüler*innen und bildet in diesem Sinne das gesamte Diversitätsspektrum ab.

1.1 Inklusionsverständnis in diesem Buch

Inklusion und Integration werden häufig synonym verwendet und als die Antonyme von Exklusion und Separation verstanden (Abbildung 1). Exklusion ist dabei nicht unbedingt das Gegenteil von Inklusion.

Exklusion bedeutet den Ausschluss von Schüler*innen aus dem Bildungssystem, kein Recht auf Bildung oder keinen Zugang zu Bildung zu besitzen und damit auch jeglichen Anspruch auf Bildungsgerechtigkeit zu verlieren. Dies kann Schüler*innen zumindest in zweierlei Formen betreffen: Erstens sind Kinder betroffen, die aufgrund ihres Status nicht zur Schule zugelassen werden oder in Ländern, Kontexten oder Settings leben, in denen es für sie keinen Zugang zum Bildungssystem gibt (etwa in ländlichen Regionen oder in Unterkünften für Geflüchtete). Zweitens sind Kinder von Exklusion betroffen, die den Pflichtschulbereich bereits verlassen haben, aber eine weiterführende Bildungsinstitution besuchen möchten und mit einem (Teil)Ausschluss aus der Schule konfrontiert sind. Ein Beispiel dafür wären etwa Jugendliche mit Behinderungen, denen ihre (weitere) Bildungsfähigkeit abgesprochen wird (Feuser 2009). In diesen Fällen versagt das UN-Menschenrecht „education for all“ (Artikel 26) bzw. das Recht auf Bildung, das in der UN-Kinderrechtskonvention (Artikel 28) festgelegt ist (Abschnitt 2.2).

Die *Separation* ist eine abgeschwächte Form der Exklusion, die mit der Gründung eigener Bildungsinstitutionen oder Fördermodellen für bestimmte Gruppen von Schüler*innen einhergeht. Ein aktuelles Beispiel für Separation sind die im Schuljahr 2018/19 in Österreich eingeführten Deutschförderklassen, in denen Schüler*innen mit einer anderen Erstsprache als Deutsch separiert in eigenen Klassen unterrichtet werden (Dirim et al. 2022; Gitschthaler et al. 2021a). Dadurch haben sie kaum Kontakt zu deutschsprachigen Mitschüler*innen sowie wenig Anbindung an ihre Stammklasse. Zudem erleben sie eine Status-Diskriminierung als sogenannte außerordentliche Schüler*innen der Schule, solange sie keine Stammklasse besuchen (können). Diese Separation wird von den Schüler*innen mit Flucht- und Migrationshintergrund als nachteilig erlebt (Resch & Erling 2023). Ein zweites Beispiel für Separation, die mit der Gründung eigener Bildungsinstitutionen einhergeht, ist die Beschulung von Pflichtschüler*innen mit Behinderungen an Sonder-, Förder- oder Schwerpunktschulen. Dadurch kommen Schüler*innen ohne Behinderungen biografisch kaum mit Schüler*innen mit Behinderungen in Kontakt und können soziale Hemmschwellen nicht frühzeitig abbauen.

Integration bedeutet, dass Heterogenität grundsätzlich als bereichernd erlebt wird. In integrativen Modellen werden zuvor getrennte Schüler*innen wieder zusammengeführt, die getrennt beschult oder unterrichtet wurden. Schüler*innen mit beispielsweise anderer Erstsprache, Hautfarbe oder Behinderungen können in integrativen Modellen trotz des grundsätzlichen Anspruchs auf Integration Kleingruppen in Großgruppen bilden, dadurch Stigmatisierung oder Diskriminierung erfahren bzw. von reduzierter Teilhabe betroffen sein (Wansing 2015) (Kapitel 5). Integration bedeutet zudem, dass alle Schüler*innengruppen zwar miteingeschlossen werden, allerdings das System nicht substanziell verändert wird, um weiterführende Inklusion zu ermöglichen.

Inklusion bezeichnet dagegen eine umfassende Teilhabe und Chancengerechtigkeit aller Schüler*innen in heterogenen Klassengemeinschaften, in denen auf individuelle Bedürfnisse eingegangen wird *und* alle Schüler*innen gemeinsam unterrichtet werden (Biewer et al. 2019). Eine inklusive Schule würde *alle* Schüler*innen vor Barrieren und jeglicher Form der Diskriminie-

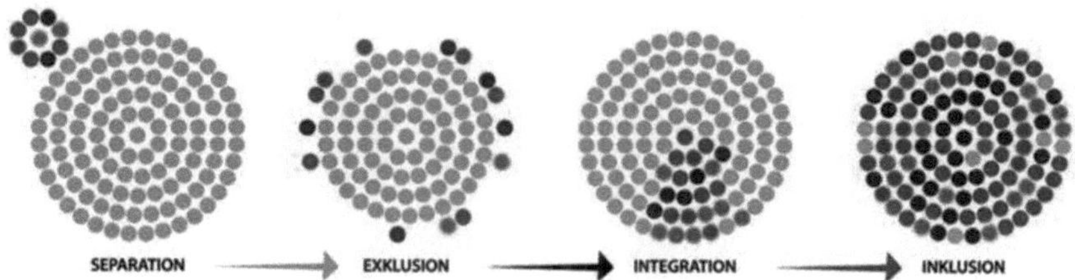

Abbildung 1: Begriffsklärungen
Quelle: https://www.pro-kita.com/padagogik/inklusion/inklusion-im-kindergarten/attachment/inklusion-integration-exklusion-separation/ (abgerufen am 11.11.2022)

rung im Bildungsbereich schützen, Unterschiede als Normalität anerkennen und Bildungsgerechtigkeit für *alle* herstellen.

Inklusion kann in einem breiteren und engeren Verständnis definiert werden (Biewer et al. 2019, S. 23): Das enge Inklusionsverständnis bezieht sich auf die Teilhabe von Menschen mit Behinderungen, während sich das breite Inklusionsverständnis an alle Menschen, die von Exklusion oder Separation betroffen sind, richtet. Ein breites Inklusionsverständnis bezeichnet daher Bildungsgerechtigkeit für *alle* Schüler*innen durch die Reduktion von Barrieren und jeglicher Form der Diskriminierung im Bildungsbereich sowie einen gemeinsamen Unterricht für *alle*. Dies umfasst etwa Straßenkinder, Kinder in Konfliktzonen, sprachliche oder religiöse Minderheiten, Kinder mit Behinderungen oder armutsgefährdete Kinder. Inklusive Bildung wird als systematischer Versuch betrachtet, *allen* Lernenden bestmögliche Entwicklungsmöglichkeiten zu bieten (Watkins 2017). Seit 2000 kommt im deutschsprachigen Raum ein breiteres Inklusionsverständnis zur Anwendung (Biewer et al. 2019), das sich u.a. auf der UNESCO Salamanca Declaration (1994) begründet, die explizit Kinder aus kulturellen, linguistischen und ethnischen Minderheiten sowie Kinder mit spezifischem Förderbedarf im Kontext von Inklusion nennt. Schulische Inklusion wird weniger auf der Basis einzelner Differenzkategorien, wie Behinderung, entwickelt, sondern fokussiert auf die bestmögliche Förderung sowie die maximale Partizipation *aller* Schüler*innen (Schwab 2019). Einzelne Differenzkategorien wie beispielsweise der sonderpädagogische Förderbedarf geraten damit aus dem Fokus.

1.2 Weitere Grundbegriffe des Buches

Diversität, Heterogenität und Vielfalt stellen weitere Begriffe dar, die häufig im Kontext inklusiver Schulen synonym verwendet werden, obwohl sie unterschiedliche Bedeutungen und Herkunftszusammenhänge aufweisen. Der *Diversitätsbegriff* liegt in der Diversitätsforschung begründet, die ihre Wurzeln in der social-justice-Bewegung in den Vereinigten Staaten hat und seit jeher als multidimensionale Forschung zu den verschiedenen – auch intersektional verbundenen – Dimensionen sozialer Ungleichheit verstanden werden kann. Die Diversitätsforschung nimmt damit Geschlecht, Alter, soziale Identitäten, Sprache, Sexualität, Hautfarbe und andere Merkmale in den Blick und versteht sich als eng mit dem Anti-Diskriminierungsdiskurs verbunden (Czollek et al. 2002; Resch et al. 2021). Im Gegensatz dazu ist *Heterogenität* ein genuin pädagogischer Begriff, der sich um das Unterrichten heterogener Klassen dreht (Walgenbach 2014; 2017). *Vielfalt* stellt einen populärwissenschaftlichen Begriff dar, der ebenfalls in der Pädagogik geprägt wurde, vor allem von Annedore Prengel mit ihrem mehrfach aufgelegten Werk „Pädagogik der Vielfalt" (2019).

Wichtige Fachbegriffe einer inklusiven Schule werden im Folgenden kurz definiert:

- *Differenz*: Wahrnehmung von Unterschieden sowie Vergleiche zwischen Personen
- *Diversität*: Fachdiskurs aus dem amerikanischen Raum über Differenzlinien (insbesondere zu class, race und gender), die zu sozialen Ungleichheiten führen; der Diskurs wird in unterschiedlichen Disziplinen geführt, z.B. den Wirtschaftswissenschaften, der Pädagogik oder der Migrationsforschung; inhaltliche Nähe zu social justice und Anti-Diskriminierung
- *Heterogenität*: Differenzlinien zwischen Personen, Gruppen und Organisationen; versteht sich als originär pädagogischer Fachdiskurs
- *Intersektionalität*: Diskurs aus den 1960er Jahren, der soziale Unterschiede als nicht trennbare Differenzen ausweist und diese miteinander analysiert, sodass das gleichzeitige Wirken von Unterschieden anerkannt wird, etwa wenn mehrfache Benachteiligungen aufeinandertreffen (Gummich 2015)
- *Soziale Ungleichheit*: soziologischer Fachdiskurs über die ungleiche Verteilung von (Bildungs)Chancen und Ressourcen zwischen Personen, Gruppen und Organisationen
- *Vielfalt*: positiver Diskurs und alltagssprachlicher Begriff für die bereichernde Dimension der Heterogenität

1.3 Was kann eine inklusive Schule leisten?

Bestimmte Schüler*innengruppen kämpfen mit erschwerten Ausgangsbedingungen in ihrer schulischen Laufbahn, etwa durch körperliche oder psychische Beeinträchtigungen, finanzielle Nachteile, Armut oder fehlende Kenntnisse der Bildungssprache. Genau daran sollten inklusive Bildungsprozesse in der Schule ansetzen. Hierzu können Beispiele aus anderen Ländern hilfreich sein: Donlic, Jaksche-Hoffman und Peterlini (2019) setzen sich mit der Frage der generellen Umsetzbarkeit von inklusiver Schule auseinander und präsentieren dazu nationale sowie internationale Beispiele, wie auch Köpfer, Powell und Zahnd (2021) in ihrem Handbuch Inklusion international, das eine globale und theoretisch vergleichende Perspektive auf Inklusion aus verschiedenen Ländern bietet.

Die Pädagogik als vielfältiges Berufsfeld innerhalb und außerhalb der Schule bietet unterschiedliche Antworten auf die Diskrepanz zwischen Inklusionsanspruch und Inklusionsrealität. Aus Sicht der Kindheits- und Schulpädagogik, der Heil- und Sonderpädagogik sowie der Familien- und Sozialpädagogik kann dies Unterschiedliches bedeuten (Tures & Neuß 2017; Sturm & Wagner-Willi 2018). Schulen sollten jedenfalls als intermediäre Akteur*innen für Bildungsgerechtigkeit und Inklusion im Vordergrund pädagogischer Diskurse stehen. Eine inklusive Pädagogik befasst sich mit Bildung, Erziehung, Entwicklung und Förderung aller Schüler*innen und nimmt ihren Ausgang in den Rechten benachteiligter oder marginalisierter Schüler*innen (Geiger & Lengsfeld 2014) (Kapitel 2), plädiert für deren Partizipation und eine strukturelle Veränderung von Schule (*inklusive Schulentwicklung*) (Resch et al. 2021), um der erwähnten Verschiedenheit der Ausgangsbedingungen aller Schüler*innen gerecht zu werden.

Basiert auf einer Individualethik des Helfens, der pädagogischen Fürsorgepflicht, der Inklusion und des gemeinsamen Bildungsauftrags (Kapitel 3) agiert eine inklusive Pädagogik advokatorisch für jene Schüler*innen, die Förderung und Unterstützung bedürfen. Das Eintreten für „Schwache, Bedürftige, Gebrechliche" wurde bereits im 19. Jahrhundert mit einer inklusiven Pädagogik im Sinne einer advokatorischen Ethik verbunden (Biewer 2010). Die zugrundeliegenden Wertehaltungen, wie etwa das Wohl des Kindes, der Gleichwertigkeit des Lebens, der Menschenwürde (Abschnitt 2.1) oder der Bildungsgerechtigkeit (Kapitel 4) bestimmen das pädagogische Handeln in einer inklusiv geprägten Pädagogik bis heute.

Dafür benötigen Schulen den Aufbau inklusiver Schulkulturen, inklusiver Teams und inklusiver Unterrichtspläne. Inklusion bedeutet auch, dass bestehende Barrieren, wie etwa räumliche Barrieren durch Lifte, Tische, Räume oder sprachliche Barrieren abgebaut werden müssen. Zudem müssen soziale Barrieren zwischen Schüler*innen identifiziert und durch Maßnahmen einer diskriminierungsfreien oder -kritischen Schule abgeschafft werden (Abschnitt 5.5).

Eine inklusive Schule kann gelingen, wenn drei Faktoren vorhanden sind:

- *Inklusive Schulkultur:* gemeinsames inklusives Leitbild, Sensibilisierung der Lehrkräfte im Hinblick auf Lernhindernisse und Teilhabebarrieren, Umsetzung von Maßnahmen einer inklusiven Schulentwicklung, Förderung von Gemeinschaftssinn und gemeinsamen Lernen, Anerkennung und Respekt für alle
- *Inklusive Strukturen:* Aufnahme aller Schüler*innen aus der Umgebung der Schule, Verringerung der Aus-, Be-, und Absonderung von bestimmten Gruppen, Prüfung der Ursachen von Schulproblemen, umfassende Barrierefreiheit, Bekämpfung von Diskriminierung, inklusive Fort- und Weiterbildungen von Lehrpersonen und Ressourcen für Team Teaching
- *Inklusive Praktiken im Unterricht:* pädagogisch-praktischer Fokus auf die Stärken und Entwicklungspotenziale der Schüler*innen, Planung eines heterogenen und differenzierten Unterrichts, Einsatz vielfältiger Unterrichtsmethoden, Aufbau und Organisation von inklusiven Lerngruppen, aktives und gemeinsames Lernen

Eine Nachlese zu den Grundlagen inklusiver Bildung bilden zwei Sammelbände von Siedenbiedel und Theurer (2015a und b), die sich explizit mit inklusiver Unterrichtspraxis in Theorie, Forschung und Praxis befassen. Band 1 beinhaltet Einzelbeiträge aus allgemeinpädagogischer, fachdidaktischer und sonderpädagogischer Perspektive auf der Ebene des Unterrichts sowie aktuelle Forschungsergebnisse zur inklusiven Unterrichtsgestaltung. Band 2 fokussiert auf inklusive Schulentwicklung und daraus ableitbare Konsequenzen für die Lehrer*innenbildung.

1.4 Struktur des Buches und leitende Fragen

Inhaltlich ist die Zusammenstellung der fünf Spannungsfelder zu Inklusion an Schulen in diesem Buch neu und sowohl theoriegeleitet als auch praxeologisch für Lehrpersonen und künftige Lehrpersonen relevant. Die fünf Spannungsfelder einer inklusiven Schule lauten: (1) Inklusion, Menschen- und Kinderrechte, (2) Inklusion und pädagogische Fürsorgepflicht, (3) Inklusion und Bildungsgerechtigkeit, (4) Inklusion und Anti-Diskriminierung und (5) Inklusion und Anerkennung.

Die fünf Spannungsfelder betreffen Lehrpersonen an Schulen ganz unmittelbar in ihrem Alltag, d.h. das Buch gibt einen ganz klar praxisorientierten Einblick in die Gestaltung inklusiver Bildungsprozesse mit Übungen und

Beispielen aus der pädagogischen Praxis. Abbildung 2 veranschaulicht das dem Buch zugrundeliegende Konzept einer inklusiven Schule in den fünf genannten Spannungsfeldern und expliziert die für die einzelnen Kapitel leitenden Fragen (Abbildung 2).

In *Teil I. des Buches*, das auf menschenrechtlichen und schulrechtlichen Grundlagen beruht, werden zwei Spannungsfelder skizziert: Inklusion, Menschen- und Kinderrechte sowie Inklusion und pädagogische Fürsorgepflicht. Die leitenden Fragen umfassen im ersten Teil folgende: Welche Kinderrechte gelten in der Schule? Welche Schutz-, Förder- und Beteiligungsrechte haben Kinder? Was umfasst eine kindgerechte Schule? Was beinhaltet die pädagogische Fürsorgepflicht? Wie können alle Schüler*innen geschützt werden, ohne fremdbestimmt zu werden? Wie lässt sich gute Sorgearbeit im Kontext Schule gestalten?

Teil II. des Buches identifiziert das Spannungsfeld zwischen Inklusion und Bildungsgerechtigkeit als ideologisch-normatives Spannungsfeld, das sich nicht zur Gänze auflösen lässt. Die leitenden Fragen sind: Welche Voraussetzungen braucht es für Bildungsgerechtigkeit in der Schule? Wer ist für Bildungsgerechtigkeit verantwortlich?

In *Teil III. des Buches* werden zwei Spannungsfelder der pädagogischen Praxis aufgemacht: Inklusion und Anti-Diskriminierung sowie Inklusion und Anerkennung. Die leitenden Fragen umfassen im dritten Teil folgende: Welche Formen der direkten, indirekten und institutionellen Diskriminierung kommen an Schulen vor? Wie wird die Schule zur diskriminierungs-kritischen Schule? Welche Formen der positiven und negativen Anerkennung lassen sich um Unterricht erkennen? Wie kann inklusiver und anerkennender Unterricht in heterogenen Klassen gelingen?

Das Buch versteht die inklusiver Unterrichtspraxis auf einer überfachlichen, allgemeinpädagogischen Ebene, die fächerunabhängig ist und somit sowohl etwa im Deutschunterricht als auch im Sportunterricht Anwendung finden kann. Es geht dabei nicht um fachspezifische Unterrichtskonzepte, sondern um ein Verständnis von Inklusion, das alle pädagogischen Handlungsfelder durchdringt.

Jedes skizzierte Spannungsfeld (Kapitel 2-6) besteht aus einer aktivierenden Aufgabe zu Beginn des Kapitels, einer fachlichen Einleitung mit Bezug zu theoretischen Konzepten, einem Fallbeispiel, der Diskussion des Fallbeispiels und einem lösungsorientierten Fazit zum jeweiligen Spannungsfeld. Auf Grundbegriffe wird einmal in der Einleitung eingegangen; diese werden nicht in jedem Kapitel wiederholt. Jedes Kapitel enthält mehrere Übungen, die durch Kästchen gekennzeichnet sind, und sich in den Unterricht mit sowohl Schüler*innen als auch Studierenden integrieren lassen. Das Buch ist auf den deutschsprachigen Raum ausgerichtet und bezieht Beispiele aus der pädagogischen Praxis aus Österreich und Deutschland mit ein.

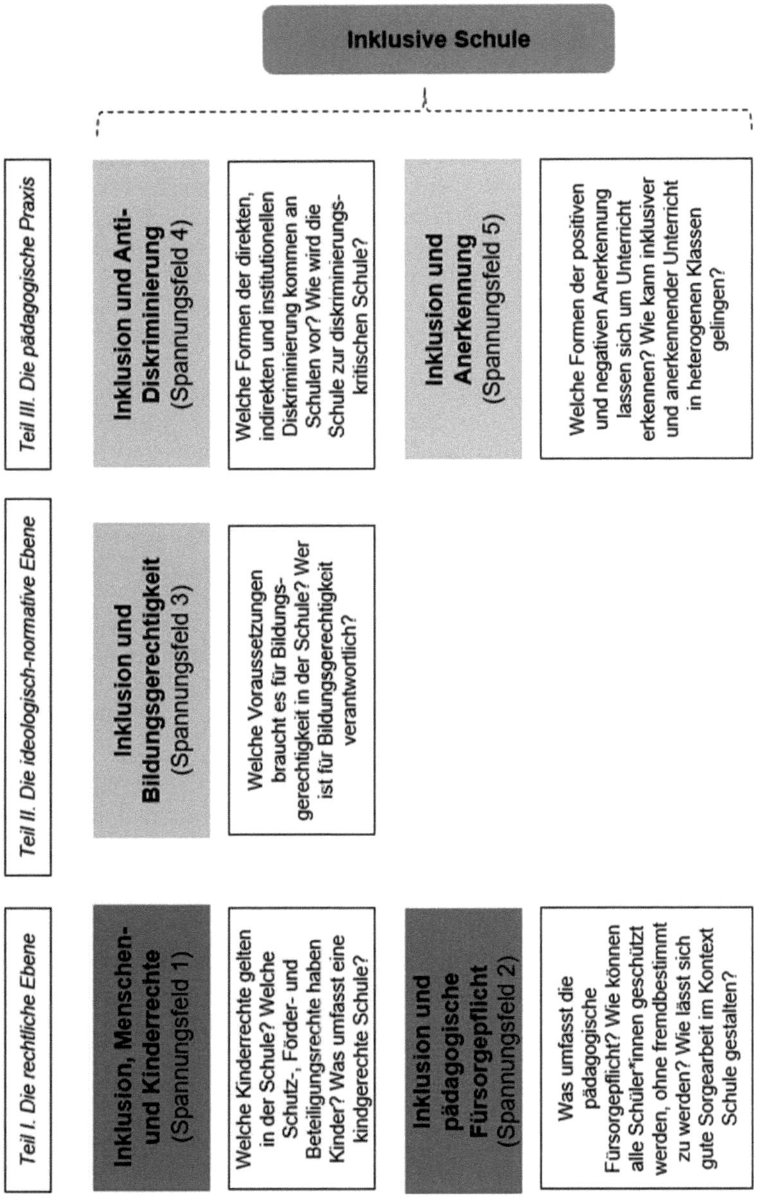

Inklusive Schule

Teil I. Die rechtliche Ebene

Inklusion, Menschen- und Kinderrechte (Spannungsfeld 1)

Welche Kinderrechte gelten in der Schule? Welche Schutz-, Förder- und Beteiligungsrechte haben Kinder? Was umfasst eine kindgerechte Schule?

Inklusion und pädagogische Fürsorgepflicht (Spannungsfeld 2)

Was umfasst die pädagogische Fürsorgepflicht? Wie können alle Schüler*innen geschützt werden, ohne fremdbestimmt zu werden? Wie lässt sich gute Sorgearbeit im Kontext Schule gestalten?

Teil II. Die ideologisch-normative Ebene

Inklusion und Bildungsgerechtigkeit (Spannungsfeld 3)

Welche Voraussetzungen braucht es für Bildungsgerechtigkeit in der Schule? Wer ist für Bildungsgerechtigkeit verantwortlich?

Teil III. Die pädagogische Praxis

Inklusion und Anti-Diskriminierung (Spannungsfeld 4)

Welche Formen der direkten, indirekten und institutionellen Diskriminierung kommen an Schulen vor? Wie wird die Schule zur diskriminierungskritischen Schule?

Inklusion und Anerkennung (Spannungsfeld 5)

Welche Formen der positiven und negativen Anerkennung lassen sich um Unterricht erkennen? Wie kann inklusiver und anerkennender Unterricht in heterogenen Klassen gelingen?

Abbildung 2: Fünf Spannungsfelder der inklusiven Schule
Quelle: Eigene Darstellung

Tabelle 1: Überblick über die Fallbeispiele

Titel	Spannungsfeld	Kapitel und Quelle
Teresas Helm	Menschenwürde und Inklusion | Zwang versus Selbstbestimmung einer Schülerin, die sich selbst verletzt	Kapitel 2 Typ: Fallbeispiel Quelle: Fallbeispiel aus einem Seminar
Jasper hat sein Medikament vergessen	Pädagogische Fürsorgepflicht und Inklusion | Sorge-Beziehung einer Lehrerin zu einem Schüler mit ADHS	Kapitel 3 Typ: Fallbeispiel Quelle: Fallbeispiel aus einem Seminar
Explizit mit dem Buben geübt habe ich nicht	Bildungsgerechtigkeit und Inklusion | Homeschooling mit einem nicht-deutschsprachigen Schüler während der COVID-19-Pandemie	Kapitel 4 Typ: Gesprächsauszug aus einem Interviewtranskript mit einer Lehrerin Quelle: Resch & Erling (2023)
In welche Schule soll Leonie gehen?	Institutionelle Diskriminierung und Inklusion | Schuleinschreibung für ein Kind mit Trisomie	Kapitel 5 Typ: Fallbeispiel Quelle: Fallbeispiel aus einem Seminar
Herr Markowitsch und Julia	Anerkennung und Inklusion (positives Unterrichtsgeschehen) | Anerkennung der besonderen Leistung einer Schülerin	Kapitel 6 Typ: Vignette Quelle: Rosenberger & Freudhofmayer (2019)
Frau Prizzi und Pako	Anerkennung und Inklusion (negatives Unterrichtsgeschehen) | Stigmatisierung eines Schülers, der seine Leistung nicht erbringt	Kapitel 6 Typ: Vignette Quelle: Agostini (2016)

Quelle: Eigene Darstellung

Insgesamt erläutern sechs ausgewählte Fallbeispiele die jeweiligen Spannungsfelder aus einer praktisch-pädagogischen Perspektive (Tabelle 1). Es kommen drei Typen von praktischen Beispielen zum Einsatz: Fallbeispiele, Vignetten und ein Gesprächsauszug aus einem qualitativen Interview.

Vignetten sind von Forschenden oder Beobachter*innen verfasste Beschreibungen von Situationen, die sich zur Reflexion von pädagogischen Situationen sowie zur kritischen Bewusstmachung von Lehr- und Lernsituationen eignen (Agostini et al. 2022). *Fallbeispiele* werden ebenso von Forschenden oder Beobachter*innen verfasst wie Vignetten. Ein Fall muss allerdings verallgemeinerbar sein, d.h. der Weg vom Spezifischen zum Allgemeinen nachvollziehbar gemacht werden – ein Anspruch, den eine Vignette nicht erhebt, denn diese verwandelt eine wahrgenommene Situation in einer sprachlich nachvollziehbare Erzählung ohne die Situation zu deuten oder zu verallgemeinern. Rosenthal (2015, S. 79) spricht im Kontext von Fallbeispielen von einer „prinzipiellen Auffindbarkeit des Allgemeinen im Besonderen“. Ein *Interviewaussage* stellt im Gegensatz zu Vignetten und Fallbeispielen eine Selbstauskunft einer Person, etwa einer Lehrerin, dar. Die Interviewaussage gilt als eine subjektive, aber vollkommen authentische Aussage der Person, die wörtlich transkribiert und nicht verändert oder interpretiert wurde, allerdings auch keiner Reflexion unterworfen wurde. Alle drei Typen von Beispielen stellen den Anspruch an die Leser*innen des Buches, einen erfahrenen, forschenden und reflektierten Blick auf eine beschriebene Situation zu entwickeln, in dem sie die Beispiele lesen, diskutieren und interpretieren sowie Schlüsse daraus für ihre berufliche und pädagogische Praxis ziehen.

1.5 Zielgruppen des Buches

Das Buch verfolgt eine ausschließlich pädagogische Perspektive und richtet sich an drei Zielgruppen:

- Lehrpersonen an Schulen und Schulleitungen
- Künftige Lehrpersonen (Studierende des Lehramts)
- Hochschullehrende

Das Buch richtet sich erstens an *Lehrpersonen an Schulen und Schulleitungen* im deutschsprachigen Raum sowie an diejenigen, die inklusive Entwicklungsprozesse und Schulentwicklungsprozesse in Schulen anregen und gestalten. Lehrpersonen an Schulen erleben oftmals eine Diskrepanz zwischen Theorie (ideologische Ebene: z.B. Schule mit Inklusionsanspruch) und Praxis (praxeologische Ebene: z.B. Erfahrungen von Separation oder Diskriminierung bestimmter Schüler*innengruppen), denen sie mithilfe der im Buch enthaltenen Konzepte, Übungen und Fallbeispielen entgegenwirken können. Denn inklusive Schulen entstehen lediglich, „wenn sie dauerhaft von den Beteiligten gewollt und getragen werden, also vor allem von den Lehrkräften“ (Christiansen 2020, S. 23).

Zudem ist es zweitens eine hilfreiche Quelle für *zukünftige Lehrpersonen*, d.h. Studierende der Pädagogik, der Erziehungswissenschaft, der Sonderpädagogik und des Lehramts der Primar- und Sekundarstufe, da es praxisnah vermittelt, was inklusive Bildung letztendlich für den Unterricht bedeuten kann. Es wendet sich an Studierende des Lehramts, unabhängig davon, welche Unterrichtsfächer sie studieren und später unterrichten. Besonders Studierende müssen nicht nur auf das zukünftige Unterrichten, sondern auch auf Schul- und Organisationsentwicklungsprozesse vorbereitet werden (Christiansen 2020, Spieß 2019). Studien belegen, dass Lehramtsstudierende so früh wie möglich praktische Erfahrungen an Schulen sammeln möchten (Allen 2009) und eine „entwicklungsorientierte, forschende und selbstbewusste Haltungen in Bezug auf die eigene berufliche Tätigkeit“ früh im Studium ausbilden sollten (Bastian et al. 2002, S. 425). Daraus folgt ein großes Interesse an Lehrveranstaltungen, die sich mit Inklusion aus einer praxeologischen Perspektive befassen.

Das Buch richtet sich drittens an *Hochschullehrende*, die inklusive Bildungsprozesse in Seminaren zu Inklusion, Diversität oder Vielfalt an Lehramtsstudierende und andere Studierende vermitteln. Für diese eignen sich sowohl die theoretischen Hintergründe zu den fünf Spannungsfeldern, die Literaturangaben und weiterführenden Übungen sowie die Fallbeispiele im Buch.

Teil I
Die rechtliche Ebene

2 Inklusion, Menschen- und Kinderrechte

Aktivierung: Beginnen Sie den Unterricht zum Thema mit einer aktivierenden Aufgabe, dem Menschenrechtsquiz (s. Anhang 1). Sowohl Schüler*innen als auch Studierende können so ihr Vorwissen aktivieren und über selbst erlebte Situationen nachdenken, in denen ihnen bestimmte Rechte nicht gewährt wurden. Schüler*innen oder Studierende finden sich in Kleingruppen zusammen und versuchen, so schnell wie möglich und ohne Rückgriff auf Quellen, Antworten auf die gestellten Fragen zu finden. Die Kleingruppe, die als erste alle Kästchen befüllt hat, ruft „Stopp“ und beendet das Quiz. Danach werden die verschiedenen Antworten der Gruppen verglichen und diskutiert.

2.1 Drei grundlegende Konzepte: Menschenwürde, Menschenrechte, Lebensrecht

Um das Thema Inklusion, Menschen- und Kinderrechte umfassend mit Schüler*innen oder Studierenden diskutieren zu können, sollten zu Beginn drei grundlegende Konzepte geklärt werden: Menschenwürde, Menschenrechte (in denen die Kinderrechte enthalten sind) und das Lebensrecht (Abbildung 3).

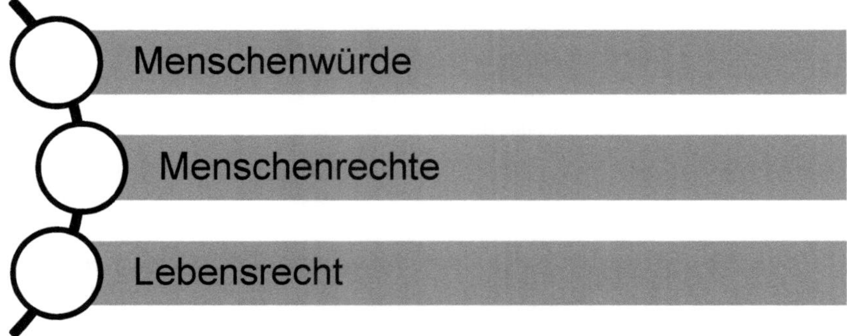

Abbildung 3: Menschenwürde, Menschenrechte und Lebensrecht
Quelle: Eigene Darstellung

Das Prinzip der *Menschenwürde* lässt sich aus der Philosophie und philosophisch-geprägten Konzepten wie Würde, Autonomie und Freiheit des Menschen herleiten. In der Gesellschaft herrscht eine Pluralität an Weltanschauungen vor, etwa zu Themen wie Politik, Umweltschutz, Religion oder Inklusion. Die Menschenwürde kann dabei als eines der wichtigsten universellen und verbindenden Prinzipien zwischen diesen Weltanschauungen festgemacht werden. Die Menschenwürde einigt und verbindet. Sie dient als allgemeiner und minimaler, gemeinsamer Nenner für ethische Fragen in der Pädagogik. Die Menschenwürde vereint Personen mit unterschiedlichen Meinungen, weil jede*r Träger*in dieser Würde ist:

> „Träger dieser menschenrechtlichen Würde ist jedes menschliche Wesen, unabhängig von seinem Entwicklungsstand, seiner Leistungsfähigkeit und seiner gleichsam subjektiven und objektiven Zuständlichkeit. Sie gilt also für den Ungeborenen ebenso wie für den Verbrecher. Sie besteht also für das menschliche Wesen von seiner Empfängnis bis zu seinem Tod." (Schwartländer 1998, S. 686)

Die Notwendigkeit der gesetzlichen Verankerung der Menschenwürde zeigte sich vor dem Hintergrund historischer Gegebenheiten insbesondere nach den beiden Weltkriegen. Nach dem zweiten Weltkrieg haben sich die internationalen Staatengemeinschaften geeinigt, Menschenwürde und Schutz- bzw. Freiheitsrechte jedes Menschen als Basis für das gemeinsame Zusammenleben anzuerkennen (Wunder 2019). Menschenwürde und Menschenrechte flossen ineinander, indem diese gesetzlich verankert wurden.

Die *Menschenrechte* beziehen sich auf die Grundrechte von sowohl Kindern als auch Erwachsenen und beinhalten wichtige Freiheits- und Schutzrechte (Wunder 2019). Die Menschenrechte wurden erstmals in der Allgemeinen Erklärung der Menschenrechte der Vereinten Nationen 1948 festgesetzt. In Artikel 1 heißt es:

> „Alle Menschen sind frei und gleich an Würde und Rechten geboren." (Art. 1).

Die EU-Grundrechtecharta aus dem Jahr 2000 besagt:

> „In dem Bewusstsein ihres geistig-religiösen und sittlichen Erbes gründet sich die Union auf die unteilbaren und universellen Werte der Würde des Menschen, der Freiheit, der Gleichheit und der Solidarität." (Präambel).

Der Artikel 1 besagt:

> „Die Würde des Menschen ist unantastbar. Sie ist zu achten und zu schützen." (Art. 1)

Für den Bereich der Inklusion ist außerdem die UN-Behindertenrechtskonvention aus dem Jahr 2006 bedeutsam. Das von der UN-Generalversammlung am 13.12.2006 beschlossene Übereinkommen über die Rechte von Menschen mit Behinderungen (UN-Behindertenrechtskonvention, kurz: UN-BRK) ist das erste Menschenrechtsübereinkommen, das den Fokus auf die Gruppe der Menschen mit Behinderungen legt. In der UN-BRK verpflichten sich die Staaten, ein *inclusive education system* (dt. *integratives Bildungssystem*) zu gestalten, in dem Menschen mit Behinderungen nicht aufgrund von Behinderungen vom allgemeinen Bildungssystem ausgeschlossen werden (Art. 24 (2)a) und ohne Diskriminierung und gleichberechtigt mit anderen Zugang zu allgemeiner Schulbildung, Berufsausbildung, Erwachsenenbildung, Hochschulbildung und zum lebenslangen Lernen erhalten (Art. 24 (5)). Trotz völkerrechtlicher Übereinkunft werden Kinder mit Behinderungen noch häufig an Sonderschulen unterrichtet. Kinder an Regelschulen haben aus diesem Grund oftmals in jungen Jahren kaum Kontakt zu Kindern mit Behinderungen. Das erzeugt eine soziale Distanz, die sich in späteren Jahren in unbegründeten Vorurteilen oder diskriminierenden Praktiken äußern kann (Kapitel 5).

Das *Lebensrecht* bezieht sich im Speziellen auf das Recht auf Leben von Kindern mit Behinderungen, das historisch einerseits in der Zeit des Nationalsozialismus in Deutschland und andererseits aktuell in der Diskussion um bio-ethische Fragen in der Medizin und Humangenetik infrage gestellt wurde und wird (Ozlberger 2009).

Zur Zeit des Nationalsozialismus wurde Menschen mit Behinderungen das Lebensrecht abgesprochen – es wurden sogenannte „rassenhygienischen Maßnahmen“ veranlasst – und diese wurden zwangssterilisiert, institutionalisiert, für Experimente missbraucht und ermordet, um das deutsche Erbgut „rein zu halten“ (Tornow & Weinert 1942; Ellger-Rüttgardt 2019).

Trisomie wurde beispielsweise 1968 das erste Mal pränatal diagnostiziert (Ozlberger 2009). Die modernen Mittel der Pränataldiagnostik machen es mittlerweile möglich, Behinderungen bereits ab der zwölften Schwangerschaftswoche zu erkennen (Strachota 2010; Ozlberger 2009). Manche Eltern sind in der Folge mit konflikthaften Gedanken und Gefühlen konfrontiert, etwa, dass ein Fötus mit einer vor der Geburt erkannten Behinderung weniger Chancen hat, ein gutes Leben zu führen bzw. in seiner Lebensqualität (teilweise oder dauerhaft) eingeschränkt sein könnte (Datler & Strachota 2019). Dann sind Eltern mit ethischen Fragen und Entscheidungen konfrontiert, über das Lebensrecht des Fötus zu bestimmen. Sie gehen der Frage nach, ob Menschenwürde bzw. Lebensrecht absolut oder in abgestufter Form gilt (Dederich 2007b). Inklusion würde ein Verständnis von Lebensrecht über alle Lebensphasen hinweg, d.h. beginnend mit der Zeugung, bedeuten und kein graduelles Verständnis, das den zu gewährenden Schutz abstuft (Antor 2009). Bei einem pathologischen Befund stehen Fragen wie Lebensrecht, Lebensqualität und Selektionsmechanismen im Vordergrund und ob diese mit den Schutzrechten des Kindes übereinstimmen. Pränataldiagnostik ist demnach nicht nur als ein Instrument der Medizin zu verstehen, sondern es setzt auch neue Normen, was gesellschaftlich als abweichend und lebenswert verstanden und akzeptiert wird (Ozlberger 2009). So wird bestimmten, vorselektierten Kindern das Lebensrecht verweigert. Der bio-ethische Diskurs geht aber noch weiter: Er umfasst zudem Diskussionen über Schwangerschaftsabbrüche, die nach erfolgter pränataler Diagnostik im gesetzlichen Rahmen veranlasst werden können, oder der Samenspende als menschenunwürdige Fortpflanzungsmethode, bei der dem Kind das Recht darauf verwehrt wird, zu erfahren, wer sein biologischer Vater ist (Reiter 2004). Das Modell der Leihmutterschaft und die aktive Sterbehilfe, d.h. das Recht, das eigene Leben auf Wunsch zu beenden, sind weitere bio-ethische Grenzfälle im Diskurs um das Lebensrecht. Im Kontext von Inklusion soll das Leben von Kindern in seiner biologisch-physischen Existenz möglichst vor Fremdeinwirkung geschützt werden (Wagner-Kern 2009).

2.2 Kinderrechte

Kinderrechte sind untrennbar mit der Umsetzung der Menschenrechte verbunden. Kinder und Jugendliche als selbstbestimmte Individuen wahrzunehmen und ihnen Raum zum Ausdruck ihrer Meinung oder ihrer Gefühle zu gewährleisten, ist ein Grundpfeiler pädagogischen Arbeitens. Rechtlich gesehen können Kinder und Jugendliche vieles im gelebten Alltag aber nicht für sich selbst entscheiden und sind von einem oder mehreren Erwachsenen abhängig. Jedes Kind hat u.a. das Recht auf Bildung, Gesundheit, freie Meinungsäußerung, Freizeit, elterliche Fürsorge und eine gewaltfreie Erziehung. Diese sind in der Kinderrechtskonvention der Vereinten Nationen geregelt (UNICEF-Österreich 2022). Die Kinderrechtskonvention formuliert Grundwerte im Umgang mit Kindern über soziale, kulturelle, ethnische oder religiöse Unterschiede hinweg. Sie wurde am 20. November 1989 in der Generalversammlung der UN-Mitgliedsstaaten ratifiziert und betrifft Kinder und Jugendliche bis zum 18. Lebensjahr. In manchen Staaten besteht bei Kindern ab 14 Jahren bereits eine Teilmündigkeit, etwa beim Thema der Religionsfreiheit. Bei Kindern mit einer besonderen Vulnerabilität kann das Alter erweitert werden; man spricht dann von einer „verlängerten Kindheit“ (Schröer 2017). Dies trifft etwa auf unbegleitete Kinder mit Fluchterfahrung zu. Die Kinderrechtskonvention folgt der Genfer Erklärung über die Rechte des Kindes aus dem Jahr 1924 und der UN-Erklärung der Rechte des Kindes aus dem Jahr 1959 nach. Als einer der erfolgreichsten Völkerrechtsverträge mit über 50 Artikeln gibt die Kinderrechtskonvention Auskunft über persönliche, wirtschaftliche und kulturelle Rechte von Kindern. Die nationalstaatliche Umsetzung der Kinderrechtskonvention wird im Fünf-Jahres-Intervall überprüft. 1992 ist die Kinderrechtskonvention in Deutschland und Österreich formal in Kraft getreten. 2011 wurden in Österreich zentrale Artikel der Kinderrechtskonvention in den Verfassungsrang gehoben, allerdings nicht alle der über 50 Artikel.

Inhaltlich baut die Kinderrechtskonvention auf vier Grundprinzipien auf: (1) Schutz vor Diskriminierung und dem Recht auf Gleichbehandlung, (2) Vorrangigkeit des Kindeswohls, (3) Sicherung von Entwicklungschancen und (4) Berücksichtigung des Kindeswillens.

Übung: Um die über 50 Artikel der Kinderrechtskonvention kennenzulernen, kann mit den Schüler*innen oder Studierenden Memory gespielt werden. Dabei werden die Namen der Rechte (z.B. Recht auf Teilhabe) und die Erklärung dazu, was das Recht auf Teilhabe beinhaltet, auf separate Kärtchen geschrieben. Jede Person muss eine Karte ziehen und dann im Raum jene Person finden, die entweder den passenden Namen des Kinderrechts oder die Erklärung dazu gezogen hat. Sobald sich alle Paare im Raum gefunden haben, endet das Memory. Alle lesen ihre Kärtchen laut vor. Je nach Vorkenntnissen der Lernenden können diese auch aus dem Gedächtnis die Artikel der Kinderrechtskonvention aufschreiben, falls ein solches Vorwissen bereits vorhanden ist (s. Anhang 2).

Einige Artikel der UN-Kinderrechtskonvention lauten (UNICEF-Österreich 2022):

- *„Artikel 1:* Jedes Kind hat Anspruch auf den Schutz und die Fürsorge, die für sein Wohlergehen notwendig sind.
- *Artikel 2:* (1) Jedes Kind hat Anspruch auf regelmäßige persönliche Beziehungen und direkte Kontakte zu beiden Elternteilen, es sei denn, dies steht seinem Wohl entgegen. (2) Jedes Kind, das dauernd oder vorübergehend aus seinem familiären Umfeld herausgelöst ist, hat Anspruch auf besonderen Schutz und Beistand des Staates.
- *Artikel 3:* Kinderarbeit ist verboten.
- *Artikel 4:* Jedes Kind hat das Recht auf angemessene Beteiligung und Berücksichtigung seiner Meinung in allen das Kind betreffenden Angelegenheiten, in einer seinem Alter und seiner Entwicklung entsprechenden Weise.
- *Artikel 5:* (1) Jedes Kind hat das Recht auf gewaltfreie Erziehung. Körperliche Bestrafungen, die Zufügung seelischen Leides, sexueller Missbrauch und andere Misshandlungen sind verboten. Jedes Kind hat das Recht auf Schutz vor wirtschaftlicher und sexueller Ausbeutung. (2) Jedes Kind als Opfer von Gewalt oder Ausbeutung hat ein Recht auf angemessene Entschädigung und Rehabilitation.
- *Artikel 6:* Jedes Kind mit Behinderung hat Anspruch auf Schutz und Fürsorge.“

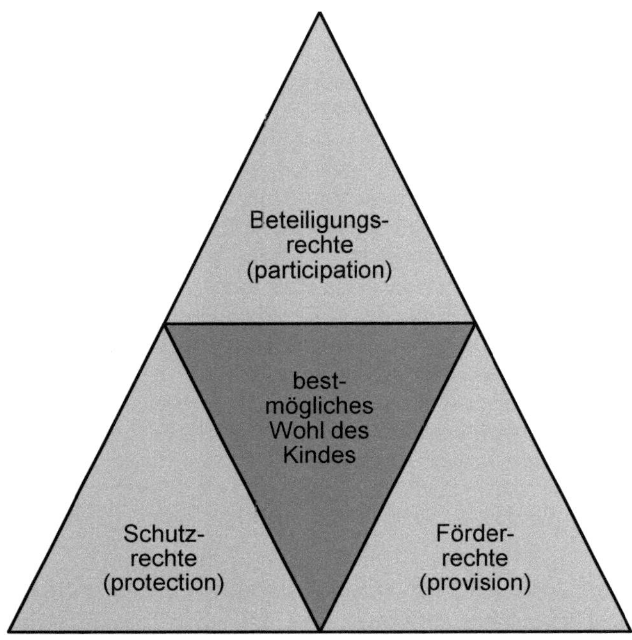

Abbildung 4: Förderrechte, Schutzrechte und Beteiligungsrechte
Quelle: Eigene Darstellung

Die Kinderrechtskonvention folgt drei Leitlinien, den sogenannten drei P's: provision, protection und participation (Abbildung 4).

- Provision bedeutet das Recht auf Förderung und Entwicklung (*Förderrechte*).
- Protection meint das Recht auf Schutz (*Schutzrechte*).
- Participation meint das Recht auf Beteiligung (*Beteiligungsrechte*).

Während die Schutzrechte eher die frühere Kindheit betreffen und im Bereich der Inklusion insbesondere auf Schüler*innen zutreffen, die aufgrund von Behinderungen besonderen Schutz bedürfen, können Beteiligungsrechte vermehrt bei älteren Kindern und Jugendlichen bedeutsam werden.

2.3 Kinderrechte in der Schule

Lehrpersonen an Schulen sind sich spezifischer Kinderrechte oftmals nicht bewusst und es gibt trotz Verabschiedung der UN-Kinderrechtskonvention in Deutschland und Österreich offene Fragen, wie diese in Schulen wirksam werden können. Ungeklärte Fragen betreffen etwa Jugendliche auf der Flucht, Kinderarmut und Existenzsicherung, Gewalt gegen Kinder oder auch den Umgang der Polizei mit Kindern und Jugendlichen.

Die Kinderrechte sind bisher nicht in den universitären Lehrplänen für künftige Lehrpersonen der Primar- und Sekundarstufe enthalten, d.h. Lehrpersonen erhalten selten eine Grundausbildung, was Kinderrechte und Inklusion betrifft. Auch in anderen Berufsgruppen fehlt der Konnex zu den Kinderrechten und ihrer Umsetzung für eine inklusive Gesellschaft weitgehend, etwa in der fehlenden Deckung in der Aus- und Weiterbildung von Richter*innen und Staatsanwält*innen. Zusätzlich herrschen Formen der Diskriminierung und des Rassismus und damit zusammenhängender Intoleranz gegenüber bestimmten Gruppen von Schüler*innen vor, z.B. gegenüber geflüchteten Kindern, Kindern bestimmter Nationalität oder ethnischer Herkunft (Abschnitt 5.1). Im österreichischen Schulsystem wird seit dem Schuljahr 2018/19 eine separate Beschulung von Schüler*innen mit anderen Erstsprachen als Deutsch in Deutschförderklassen umgesetzt. Diese separierende Maßnahme zur Sprachförderung trägt nicht zur Inklusion von sprachlich, kulturell oder sozial unterschiedlichen Schüler*innen bei (Füllekruss & Dirim 2020; Resch & Erling 2023).

Die Umsetzung der Kinderrechte in der Schule bedeutet die Berücksichtigung folgender Prinzipien und beispielhaften Fragen (Student 2016):

- *Gleichbehandlung aller Kinder ohne Diskriminierung:* Wie geht die Schule mit Diversität um? Welche Vorstellungen von Mehrsprachigkeit haben die Lehrpersonen? Wie wird gegen Mobbing vorgegangen?
- *Schutz und Sicherheit vor Gewalt:* Was wird die Schule aktiv, um sie zu einem sicheren Ort zu machen? Wie werden Kinder vor Mobbing oder Gewalt geschützt?
- *Individuelle Förderung der kindlichen Potenziale:* Werden die Potenziale der Kinder erkannt? Wie werden diese gefördert? Was tun Schulen, um etwa Kinder mit Behinderungen zu inkludieren und zu fördern?
- *Altersgemäße Beteiligung:* Welche basisdemokratischen Strukturen gibt es an der Schule? Wie wird das Gemeinschaftsleben gefördert?

Dabei ist die Schule als Stabilisator des gemeinschaftlichen Zusammenlebens zu verstehen (Kunze 2014), die sowohl politisch-gesellschaftliche Teilhabe als auch soziale Identitätsbildung ermöglicht. Die Kinderrechte berühren in unterschiedlichen Themen den Schulalltag (Student 2016), etwa bei Fragen des sozialen und fairen Umgangs miteinander, der gewaltfreien Konfliktlösung, der umfassenden Mitbestimmung am Lernort oder der Inklusion von Kindern und Jugendlichen mit Behinderungen.

Das zentrale Recht und einer der wichtigsten Schlüssel für den Zugang zu anderen Rechten kann die Umsetzung des Artikels 28 der UN-Kinderrechtskonvention – das Recht auf Bildung – verstanden werden. Dieser Artikel besagt:

„(1) Die Vertragsstaaten erkennen das Recht des Kindes auf Bildung an; um die Verwirklichung dieses Rechts auf der Grundlage der Chancengleichheit fortschreitend zu erreichen, werden sie insbesondere

a) den Besuch der Grundschule für alle zur Pflicht und unentgeltlich machen;
b) die Entwicklung verschiedener Formen der weiterführenden Schulen allgemeinbildender und berufsbildender Art fördern, sie allen Kindern verfügbar und zugänglich machen und geeignete Maßnahmen wie die Einführung der Unentgeltlichkeit und die Bereitstellung finanzieller Unterstützung bei Bedürftigkeit treffen;
c) allen entsprechend ihren Fähigkeiten den Zugang zu den Hochschulen mit allen geeigneten Mitteln ermöglichen;
d) Bildungs- und Berufsberatung allen Kindern verfügbar und zugänglich machen;
e) Maßnahmen treffen, die den regelmäßigen Schulbesuch fördern und den Anteil derjenigen, welche die Schule vorzeitig verlassen, verringern.

(2) Die Vertragsstaaten treffen alle geeigneten Maßnahmen, um sicherzustellen, dass die Disziplin in der Schule in einer Weise gewahrt wird, die der Menschenwürde des Kindes entspricht und im Einklang mit diesem Übereinkommen steht.

(3) Die Vertragsstaaten fördern die internationale Zusammenarbeit im Bildungswesen, insbesondere um zur Beseitigung von Unwissenheit und Analphabetentum in der Welt beizutragen und den Zugang zu wissenschaftlichen und technischen Kenntnissen und modernen Unterrichtsmethoden zu erleichtern. Dabei sind die Bedürfnisse der Entwicklungsländer besonders zu berücksichtigen."

Das Recht auf Bildung ist dabei als ein Empowerment-Recht zu verstehen (Lindmeier & Lindmeier 2012, S. 112), aus dem weitere Rechte hervorgehen. Kinderrechte haben eine umfassende Bedeutung für Lehrpersonen im pädagogischen Kontext, doch besteht im schulpraktischen Alltag sowie in der Integration in den Unterricht durchaus noch Aufholbedarf.

2.4 Verletzungen der Kinderrechte im pädagogischen Kontext

Gesamtgesellschaftlich und historisch betrachtet sind die Menschen- und Kinderrechte vielerorts immer wieder verletzt worden, etwa wenn Menschen in der Form von Folter, Sklaverei, Ausrottung, Geburtenverhinderung, Verschleppung, Unterwerfung unter unmenschliche oder erniedrigende Strafe, Brandmarkung, Vernichtung oder Menschenversuche zum Objekt herabgewürdigt wurden (Reiter 2004). Die Wahrung der Menschenwürde durch Achtung und Schutz der körperlichen Integrität, der Sicherung menschengerechter Lebensgrundlagen, der Gewährleistung von Rechtsgleichheit und der Wahrung der personellen Identität sind daher im Umkehrschluss besonders wichtig. Im schulischen und pädagogischen Alltag kommt es zwar immer wieder zur Verletzung der Kinderrechte und der damit verbundenen allgemeinen Menschenrechte, allerdings in abgeschwächter Form. Diese Rechtsverletzungen können unterschiedliche Formen annehmen, wie etwa eine ungerechte Behandlung eines Kindes, Herabwürdigung im pädagogischen Handeln oder Vernachlässigung des Kindes. Lehrpersonen können – bewusst oder unbewusst – bestimmte Kinder zurückweisen oder ihre pädagogische Verfügbarkeit diesen Kindern gegenüber einschränken. Unrechtserfahrungen sind grundsätzlich aus der Perspektive marginalisierter Gruppen zu betrachten – den betroffenen Schüler*innen ist eine Stimme zu geben (Bielefeldt 2012).

Die Einhaltung der Menschenrechte und damit auch der Kinderrechte obliegt immer der *Gemeinschaft*, das heißt nicht dem Rechtssystem, nicht dem Staat und auch nicht der Religion oder Ethik. Die Verantwortung für die Umsetzung und Wahrung der Kinderrechte kann nicht an den Staat delegiert werden, sondern kann nur in den (täglichen) sozialen Interaktionen zwischen Schüler*innen und Lehrpersonen gewährleistet werden. Um die Menschenwürde zu achten, ist eine pädagogische Verantwortungsübernahme (*accountability*) und eine innere Präsenz der Lehrperson (*availability*) erforderlich. Sollten die Kinderrechte nicht geachtet werden, bedeutet dies, dass sich Lehrpersonen für Schüler*innen einsetzen müssen. Das ist nur mit einem entsprechenden pädagogischen Ethos möglich. Zum ethischen Verhalten von Lehrpersonen zählen sowohl Moral (Verantwortungsübernahme für Schüler*innen) als auch der Wille, für das Wohlbefinden bzw. die Anliegen der Schüler*innen einzutreten (Oser 2018). Der Philosophie des „guten Schüler*innen-Lebens“ folgend, bedeutet dies, Chancen zu bieten, ein gutes (Schul)-Leben zu führen (Dederich 2007a). Bei geistigen Behinderungen oder kognitiven Beeinträchtigungen von Schüler*innen stellen sich häufig Fragen der Selbstbestimmung, der moralischen Autonomie, der Willensfreiheit und der Verantwortung. Trotz aller Notwendigkeit einer menschenwürdigen und ethisch korrekten Haltung z.B. gegenüber Schüler*innen mit anderer Erstsprache, Hautfarbe oder Behinderungen, kann pädagogisches Handeln mit oder ohne Ethos geschehen. „Lehrerkompetenzen ohne Ethos sind kalt und blind." (Oser 2018, S. 61).

So kann Unterricht mit und ohne einen begleitenden Blick auf das Kind, mit und ohne Hilfestellung, mit und ohne Verantwortungsübernahme (Kapitel 3) vonstattengehen. Häufige Mechanismen von Lehrpersonen, um der moralischen Verpflichtung nicht nachkommen zu müssen, sind *Vermeidung* und *Delegation.* Zur Strategie der Vermeidung zählen Glaubenssätze wie „Ich muss mich nicht überall einmischen. Kümmere dich um deinen eigenen Kram. Augen zu und durch." Diese Ausreden sind Teil eines Mechanismus des Wegesehens. Lehrpersonen, die einem Konflikt oder einer Rechteverletzung ausweichen, wollen keine Informationen darüber erhalten und dadurch werden pädagogische Handlungsmöglichkeiten außer Acht gelassen. Lehrpersonen, die delegieren, sagen sich oft: „Es ist besser, wenn sich Expert*innen um die Sache kümmern." Damit geben sie Kompetenz ab und schieben andere vor, auch wenn sie als Lehrperson selbst handeln könnten. Dadurch entsteht ein Gefühl der Entlastung und es kommt zu einer Verschiebung der zuvor angesprochenen Verantwortungsübernahme sowie zu einer Zuständigkeitsabgrenzung. Oser (2018) sagt, dass pädagogischer Ethos als Lehrer*innenkompetenz angesehen werden muss und die Notwendigkeit beinhaltet, pädagogischen Unterstützungsbedarf zu erkennen und sich in schwierigen Situationen engagiert zu verhalten. Lehrpersonen sind letztendlich für die Entwicklung des Kindes, seines Beziehungslebens, seinen Ausdrucksweisen und seinen Interessen mit verantwortlich. Das gilt insbesondere für Kinder, die aufgrund bestimmter sichtbarer und hörbarer Merkmale wie Hautfarbe, Sexualität, anderer Erstsprache oder Behinderungen stigmatisiert oder diskriminiert werden.

„In der Ausbildung wird zu wenig gezeigt, wie das gleiche Lehrerverhalten mit Ethos und ohne Ethos unterschiedliche Wirkungen (…) hat." (Oser 2018, S. 70)

2.5 Fallbeispiel „Teresas Helm"

Das Thema Inklusion, Menschen- und Kinderrechte, das in diesem Kapitel bisher anhand theoretischer und rechtlicher Prinzipien veranschaulicht wurde, wird nun an einer konkreten Situation an einer Förderschule für ganzheitliche Entwicklung in Rheinland-Pfalz, Deutschland, dargestellt. Die Schülerin, Teresa, ist zu diesem Zeitpunkt acht Jahre alt und hat multiple Behinderungen, was sich u.a. darin äußert, dass sie nicht sprechen kann. Durch ein sonderpädagogisches Gutachten für den Förderschwerpunkt ganzheitliche Entwicklung ist Teresa mit sechs weiteren Kindern in einer Klasse und besitzt im Vergleich zu den anderen einen höheren Förderbedarf. Im Unterricht soll sie kognitiv und motorisch gefördert werden.

Teresa fing an, sich immer häufiger selbst zu verletzen. Dabei schlug sie ihren Kopf gegen Gegenstände wie zum Beispiel Tische, Stühle oder sie schlug sich Gegenstände gegen den Kopf. Die beiden Sonderpädagoginnen in ihrer Klasse haben versucht, dieses Verhalten zu unterbinden. Da Teresa aber keine Eingliederungshilfe hatte, war es schwierig, während der Unterrichtssituationen in Sekundenschnelle zu reagieren. Dadurch hatte Teresa nach zwei Wochen die ersten Beulen und Verletzungen am Kopf. Die genaue Ursache, warum sie sich selbst verletzt hat, war unklar, denn sie konnte diese nicht äußern. Ein Gespräch mit ihr zu führen, in dem man ihr erklärt, warum sie aufhören muss, sich selbst zu verletzen, war für die kognitiv nicht möglich. Das ständige Verletzen erschwerte zudem die Mitarbeit Teresas am Unterricht. Wenn sie anfing, sich selbst zu verletzen, eine der beiden Pädagoginnen eingriff und sich die Situation wieder beruhigte, war Teresas Konzentrationsphase oftmals beendet und sie konnte ihre Aufgaben nicht fertigstellen. Für die Pädagoginnen war es deshalb schwierig, die Unterrichts- und Förderziele für Teresa adäquat umzusetzen. Das Verhalten der Schülerin konnte nicht unterbunden werden und die Verletzungen an ihrem Kopf wurden immer schlimmer. Die beiden Klassenlehrerinnen vereinbarten daraufhin ein Elterngespräch. Dabei wurden die Eltern darauf aufmerksam gemacht, dass es besser wäre, wenn Teresa während des Schulbesuches einen speziellen Helm tragen würde. Dieser Helm bestehend aus Schaumstoff umschließt den ganzen Kopf, verhindert Verletzungen und ermöglicht aber dennoch, dass sich Teresa uneingeschränkt bewegen kann. Dieser ist mit Klettverschlüssen befestigt, die Teresa nicht ohne Hilfe öffnen kann. Die Eltern willigten ein und der Helm wurde beantragt und genehmigt.

Teresa reagierte impulsiv auf den Helm. Sie weinte und schrie laut, sobald sie ihn trug. Sie konnte ihr Bedürfnis, sich selbst zu verletzen, nicht mehr befriedigen. Sie versuchte weiterhin, ihren Kopf zu verletzen, aber sie merkte, dass es mit dem Helm nicht den gleichen Effekt hatte. Deshalb probierte sie auch häufig, ihn selbstständig abzusetzen. Durch die vielen Klettverschlüsse ließ er sich allerdings nicht abnehmen. Dadurch wuchs ihre Frustration. Durch ihr wiederholtes Weinen und lautes Schreien wurde der Unterricht immer wieder gestört. Die anderen Kinder konnten sich kaum konzentrieren, aber auch Teresa konnte ihre Unterrichtsaufgaben nicht erfüllen.

Auch die Schüler*innen reagierten auf den Helm ihrer Mitschülerin. Die Pädagoginnen erklärten ihren Mitschüler*innen den Zweck des Helms und beantworteten Fragen. Dadurch, dass die anderen Kinder in Teresas Klasse die Vorgeschichte erlebt hatten, konnten sie die Situation verstehen und ärgerten sie aufgrund des Helms nicht weiter. Sie reagierten verständnisvoll. Die Kinder außerhalb Teresas Klasse reagierten etwas anders auf den Helm:

Teresa hatte aufgrund ihrer Behinderungen kaum Freund*innen in der Schule. Sie konnte sich nicht wie andere Kinder aktiv an Spielen beteiligen und vor allem nicht sprechen. Aufgrund ihres starken Speichelflusses wurde sie oft weggeschickt, weil sie den Speichelfluss abstoßend fanden. Durch den Helm wurde diese Reaktion bei den anderen Kindern verstärkt. Die Lehrpersonen erklärten den Kindern dann die Situation und bis auf wenige Ausnahmen waren die Kinder auch hier verständnisvoll und Teresa durfte mitspielen.

Das Ziel der Maßnahme war es, dass Teresa sich keine weiteren Verletzungen zuzieht. Dieses Ziel wurde erfüllt. Allerdings störte sie durch ihre Reaktionen den Schulalltag und die Unterrichtssituation der anderen sowie ihre eigene. Ihre Mitschüler*innen konnten sich kaum konzentrieren oder Aufgaben erfüllen, ohne dass es dabei immer wieder zu Störungen durch Teresa kam. Auch die Pädagoginnen in der Klasse hatten Probleme, den Unterricht wie geplant umzusetzen. Daher versuchten die Pädagoginnen in der weiteren Folge, Lösungen zu finden, um Teresa trotz Helm zu beruhigen: Die Arbeits- bzw. Konzentrationsphasen von Teresa wurden verkürzt. Zwischen diesen Zeiten, in denen sie Aufgaben erfüllte, die sie kognitiv und motorisch förderten, hatte sie Auszeiten. Für diese Auszeiten wurde ein Plan mit bestimmten Aktivitäten erstellt. Diese Aktivitäten richteten sich nach der Stimmung des Kindes und wirkten beruhigend oder ablenkend. Ablenkende Aktivitäten waren zum Beispiel Legospiele, Ballspiele in der Sporthalle oder im Bällebad. Diese Aktivitäten bereiteten Teresa besonders viel Freude. Sie dienten in Summe dazu, sie von ihrer Frustration aufgrund des Helms abzulenken, sodass sie später wieder konzentriert weiterarbeiten konnte. Beruhigende Aktivitäten waren in dem dafür vorgesehenen Beruhigungsraum geplant, wie zum Beispiel beruhigende Musik oder das Liegen in einer Hängematte. Für den Beruhigungsraum entschieden sich die Pädagoginnen an Tagen, an denen Teresa viel weinte und innerlich aufgewühlt wirkte. Die Aktivitäten dauerten zwischen 15 und 30 Minuten. Danach ging Teresa wieder in die Klasse und bearbeitete ihre nächste Aufgabe. Nach zwei Wochen zeigte der Plan mit den Auszeitaktivitäten ihre ersten Erfolge. Allerdings gab es auch Tage, an denen Teresa nicht positiv auf die Aktivitäten reagierte.

→ Für die beiden Pädagoginnen entstand ein unmittelbarer und mittelfristiger Konflikt im Spannungsfeld zwischen Inklusion und den Rechten von Teresa. Einerseits konnten sie Teresa durch den Helm körperliche Unversehrtheit garantieren, bereiteten ihr damit aber andererseits eine starke psychische Belastung.

2.6 Diskussion des Fallbeispiels

Diskussion in Kleingruppen: Die Schüler*innen oder Studierenden lesen das Fallbeispiel in Kleingruppen, wobei jeweils eine Person die Geschichte laut vorliest, und beantworten anschließend die Diskussionsfragen. Die Fragen müssen auf die jeweilige Lerngruppe zugeschnitten und adaptiert werden.

Diskussionsfragen:

- Welche Kinderrechte stehen in diesem Beispiel in Konflikt miteinander? Warum?
- Liegt eine Verletzung der Kinderrechte vor, wenn die Pädagoginnen Teresa zwingen, den Helm zu tragen?
- Welche alternativen Handlungsmöglichkeiten haben die Pädagoginnen, um die Menschenwürde, Menschenrechte und Kinderrechte von Teresa zu achten?
- Werden die Rechte verletzt, wird auch die Würde verletzt. Da die Würde eng mit den verfassungsmäßig garantierten Grundrechten verknüpft ist und Grundlage der Menschen- und Kinderrechte darstellt, wann liegt nun eine Würdeverletzung vor?

Teresa bringt durch ihre Reaktionen auf den Helm zum Ausdruck, dass dieser sie stört und sie unter ihm leidet. Sie scheint ihn nicht tragen zu wollen. Es wirkt, als ob er ihr großes psychisches Leiden bereiten würde. Für die Lehrkräfte wird also deutlich, dass ihre Handlung, Teresa den Helm anzuziehen, auf Irritation, Frustration und Ablehnung stößt, die sie mit Teresa nicht besprechen können, da sie sich nicht verbal äußern kann. Wenn ihr trotzdem der Helm aufgezogen wird, setzen sich die Lehrpersonen strenggenommen über den Kindeswillen hinweg. Sie nehmen in Kauf, dass Teresa aufgrund des Helmes leidet. Dieses Missachten ihres Willens und ihrer Bedürfnisse führt dazu, dass sie nicht als ein selbstbestimmendes Subjekt mit ihren besonderen Bedürfnissen geachtet wird und ihr freier Willen keine Berücksichtigung findet. Dies kann als Demütigung gewertet und so kann das Tragen des Helms von Teresa als Entwürdigung empfunden werden.

Es darf aber nicht außer Acht gelassen werden, dass hier Schutzrechte auf Beteiligungsrechte treffen. Teresa ist erst acht Jahre alt und kann nicht sprechen. Kinder können nicht alle Bereiche ihres Lebens mitbestimmen, etwa medizinisch notwendige Versorgungsmaßnahmen oder den verpflichtenden Schulbesuch. Man kann also nicht grundsätzlich sagen, dass alles, was die Freiheit und die Bedürfnisse eines Kindes einschneidet, eine grundsätzliche Würdeverletzung darstellt.

In diesem Fallbeispiel stehen zumindest zwei Kinderrechte im Konflikt:

- Art. 5 der UN-Kinderrechtskonvention „Jedes Kind hat das Recht auf gewaltfreie Erziehung.“ – Der Helm muss aber gewaltsam aufgesetzt werden, weil es nicht dem Wunsch des Kindes entspricht, einen solchen zu tragen.
- Art. 6 der UN-Kinderrechtskonvention „Jedes Kind mit Behinderung hat Anspruch auf Schutz und Fürsorge.“ – Teresa bedarf aufgrund ihrer Behinderung besonderen Schutz. Sie kann nur begrenzt über ihre eigenen Bedürfnisse entscheiden.

Ebenso beeinträchtigt werden unmittelbar das Recht auf Teilhabe (an der täglichen Entscheidung, den Helm zu tragen oder nicht zu tragen) und mittelbar das Recht auf Bildung, da Teresa durch das Tragen des Helms immer wieder beruhigt werden muss und in dieser Zeit die Regelklasse verlässt, d.h. den Unterrichtsstoff nicht mitlernen kann.

Die von den Lehrpersonen beobachtete Demütigung und Entwürdigung, die Teresa höchstwahrscheinlich durch diesen Zwang empfindet, wird dadurch verstärkt, dass der Helm von Teresas Klassenkamerad*innen als Stigma verstanden wird. Er stellt ein Merkmal dar, das sie von ihren Mitschüler*innen unterscheidet. Sie ist die einzige in der Schule, die einen Helm tragen soll. Personen, die von der Gesellschaft als „befleckt, beeinträchtigt oder herabgemindert“ wahrgenommen werden, werden tendenziell ausgegrenzt, wenn sie in einem oder mehreren Merkmalen abweichen (*Stigma*) (Goffman 1967). Die Demütigung und Entwürdigung, die Teresa durch diesen Zwang des Helms empfindet, wird dadurch verstärkt, dass der Helm von den anderen Schüler*innen als Stigma verstanden wird.

Da die Würde eng mit den verfassungsmäßig garantierten Grundrechten verknüpft ist und als die Grundlage dieser und der Menschen- und Kinderrechte gesehen wird, können diese Aufschluss darüber liefern, wann eine Würdeverletzung vorliegt: Werden die Rechte verletzt, wird auch die Würde verletzt. Teresa bringt durch ihre Reaktion auf den Helm nonverbal zum Ausdruck, dass dieser sie stört und sie leidet. Die Menschenwürde ist verletzt, wenn sich Handlungen benennen lassen, die zu einer Würdeverletzung führen (Kirste 2018). Dies wird daran deutlich, dass Teresa den Helm ablehnt.

Die Missachtung ihres Willens und ihrer Bedürfnisse führt dazu, dass sie in diesem Zusammenhang kein selbstbestimmendes Subjekt mit besonderen Bedürfnissen mehr ist. Sie wird nicht als Individuum mit einem freien Willen behandelt und das kann als Demütigung interpretiert werden. Der Eigenwert des Menschen verdient Achtung und zwar unabhängig von speziellen Eigenschaften, Merkmalen oder Leistungen der Person (Andorno & Christensen 2014). Das Tragen des Helms ist in diesem Sinne als eine Entwürdigung zu werten.

Allerdings wird der Helm mit dem Ziel der zu wahrenden körperlichen Unversehrtheit des Kindes aufgesetzt (*Schutz des Kindes*). Der Helm an sich stellt also keine Würdeverletzung dar, diese ergibt sich vielmehr daraus, dass der Helm abgelehnt wird (und damit gewaltsam aufgesetzt werden muss). Zwingt man Teresa, den Helm zu tragen und führt dieser zu einem unüberwindbaren Stigma, sind dies Indizien für eine Würdeverletzung. Denn die Allgemeine Erklärung der Menschenrechte der Vereinten Nationen aus dem Jahr 1948 besagt: „Alle Menschen sind frei und gleich an Würde und Rechten geboren." (Art. 2).

Nachzudenken wäre in diesem Fall über externe, fachliche Unterstützung, die nicht von den beiden betroffenen Pädagoginnen geleistet wird, eine genaue Ursachenforschung für den Grund für Teresas Wunsch nach Selbstverletzung und eine ganzheitliche Diagnostik – zum Beispiel einer Kind-Umfeld-Analyse –, um die Ursachen der Selbstverletzung im Kind und im Umfeld des Kindes zu erfahren und gemeinsam mit allen Beteiligten im Sinne eines inklusiven Bildungsauftrags an ihrer Förderschule zu klären.

2.7 Fazit: Kapazitätsentwicklung hin zu einer kindgerechten Schule

Das theoretisch verortete Wissen von Lehrpersonen über Inklusion, Menschen- oder Kinderrechte garantiert noch keine tatsächliche kinderrechtlichorientierte Handlungspraxis in der Schule. Inwieweit die Kinderrechte in die Praxis umgesetzt werden, hängt stark von den subjektiven Einstellungen der einzelnen Lehrpersonen ab (Schrittesser & Kobesova 2019). Die Einbettung der Kinderrechte in das Curriculum der Lehramtsausbildung bzw. der Fort- und Weiterbildung für Lehrpersonen wäre daher flächendeckend wünschenswert.

Das Recht auf Bildung ist jedenfalls nur dann umzusetzen, wenn alle Kinder dieselben Bildungschancen erhalten und ein gemeinsamer, inklusiver Unterricht forciert wird. Dafür brauchen Einzelschulen sowohl zusätzliche Ressourcen und kostenfreies Unterrichtsmaterial als auch einen barrierefreien Zugang zu Materialien, zusätzlichen Räumen und Schulgebäuden (Lindmeier & Lindmeier 2012). Das aktive und gemeinsame Lernen aller Kinder soll gefördert werden, etwa durch fächerübergreifenden Unterricht, Wochenplanunterricht, freies Arbeiten oder Projektunterricht. Den Schulalltag an Inklusion und Kinderrechten auszurichten, bleibt eine wichtige Aufgabe der Gegenwart und Zukunft (Heimlich 2020).

3 Inklusion und pädagogische Fürsorgepflicht

Aktivierung: Aktivieren Sie Ihre Schüler*innen oder Studierenden mit zwei Fragen:

1) Was verbinden Sie in *negativer* Weise mit Care? (Beispiele: Überwachung, Pflicht, Mühe, Last, Sorge, Bevormundung, Einmischung).

2) Was verbinden Sie in *positiver* Weise mit Care? (Beispiele: Pflege, Obhut, Fürsorge, Betreuung, Achtsamkeit, Zuwendung, Vorsicht, Taktgefühl, Wertschätzung, Anerkennung).

Sammeln Sie die Assoziationen der Lernenden an der Tafel oder am Whiteboard in zwei Spalten. Besprechen Sie im Anschluss die zwei Seiten der Medaille der Fürsorge und erläutern Sie, dass die persönliche Haltung gegenüber Menschen in Fürsorgebeziehungen für die konkrete Umsetzung dieser Beziehungen entscheidend ist.

3.1 Einleitung: Inklusion, Fürsorge und Care

Zwei der zehn Kinderrechte befassen sich explizit mit der Fürsorgepflicht. Zum einen spricht das „Recht auf elterliche Fürsorge" davon, dass Eltern oder Erziehungsberechtigte grundsätzlich für das Kindeswohl verantwortlich seien, „es sei denn dies würde das Kindeswohl gefährden" (UNICEF-Österreich 2022, Artikel 9 & 18). Dies umfasst auch das Recht, bei den Eltern zu wohnen. Eltern oder Erziehungsberechtigte müssen die Mittel und die Befähigung haben, ihre Kinder aufzuziehen und für sie in einem sozialen Umfeld zu sorgen, das ihre Rechte schützt. Das zweite hier relevante Kinderrecht ist das „Recht auf besondere Fürsorge und Förderung bei Behinderung" (Art. 23) (Abschnitt 2.2).

Die Fürsorgepflicht bezieht sich auf jene, die sich in einer besonderen Abhängigkeit oder Verletzlichkeit (*Vulnerabilität*) befinden, sei dies für eine bestimmte Zeit (etwa in ihrer Kindheit oder in einer Lebensphase nach einem Unfall) oder ein Leben lang (etwa bei chronischer Erkrankung). Schüler*innen sind als Minderjährige durch Abhängigkeiten einer grundsätzlichen Vulnerabilität zu Erwachsenen und (Bildungs)Institutionen ausgesetzt (Faldet & Nes 2021), die durch Armut oder Armutsgefährdung, Gewalterfahrungen,

Behinderungen oder sozioökonomische Benachteiligungen verstärkt werden können. Eine Kumulation von Vulnerabilitätsfaktoren kann in bestimmten Lebensphasen erfolgen, wie etwa der Migration in ein anderes Land, einem Schul(typ)wechsel oder im Übergang zwischen Adoleszenz und Erwachsenenalter. Biografische Übergänge sind dementsprechend vulnerabilitätsfördernd (Witteck 2008).

Die Fürsorge*pflicht* wird vor allem in Beziehungen in wechselseitiger oder einseitiger Abhängigkeit diskutiert. Im pädagogischen Kontext ist Fürsorge eines der leitenden Prinzipien der pädagogischen Arbeit, das zu Inklusion und Bildungsgerechtigkeit beiträgt (Kapitel 4). Fürsorge kann als Verpflichtung zur Sorge, Hilfe und Unterstützung von Kindern jeden Alters und jeglicher Form der Hilfe in persönlichen Nahbeziehungen unter Wahrung der Autonomie verstanden werden (Feder Kittay 2004). Dabei muss eine wichtige Unterscheidung getroffen werden: Fürsorge kann erstens die Beschreibung notwendiger (pädagogischer, sozialer oder pflegerischer) Tätigkeiten darstellen oder zweitens ein allgemeines Weltverständnis bzw. eine Wertehaltung beschreiben. Leistet eine Lehrperson beispielsweise Fürsorgearbeit für Schüler*innen in einer Integrationsklasse oder Förderschule, ist die pädagogische Tätigkeit in der Regel leichter, wenn eine entsprechend fürsorgliche Haltung vorliegt. Die Tätigkeit kann aber auch ohne eine Fürsorgeabsicht durchgeführt werden (*caregiving without care*), wenn die entsprechende fürsorgliche Haltung fehlt, die Hilfe aber stattfindet. Dabei betrifft die Fürsorgepflicht sowohl die körperliche, psychische und soziale Gesundheit (WHO 1998) sowie das soziale Umfeld eines abhängigen Menschen, wie etwa dessen Betreuungsmöglichkeiten, finanzielle Hilfen oder Wohnmöglichkeiten.

In englischsprachigen Debatten wird der Begriff „Care" verwendet, um über Fürsorge zu sprechen. Der Care-Begriff wird seit den 1980er Jahren in der Psychologie und Philosophie, später dann auch in der Theologie, Pflegewissenschaft, Sozialpädagogik, Sonderpädagogik und in verwandten Feldern diskutiert (Kohlen & Kumbruck 2008; Vosmann 2016). Er bezeichnet die (Für)Sorge für Dinge oder Menschen, die uns wichtig sind. Der englische Care-Begriff ist weiter gefasst als im Deutschen. Care meint im Allgemeinen, sich um etwas zu kümmern, etwa Hobbies oder Interessen nachzugehen oder Sport zu betreiben (*to care about something*). Care enthält zudem ein wichtiges Element der Achtsamkeit: jenes der Vorsicht (*to take care*). Care kann aber auch im sozialen und pflegerischen Kontext als Sorge, Sorgfalt oder Belastung verstanden werden. Im pädagogischen Kontext der Schule kann Care als Pflicht oder Obhut definiert werden. Zudem ist die Unterscheidung von direkter und indirekter Fürsorge sinnvoll: Direkte Fürsorge bezeichnet die konkrete Fürsorgehandlung mit Personen, die diese benötigen, wohingegen indirekte Fürsorge bedeutet, etwa Wohnverhältnisse für diese Personen zu optimieren oder etwa Spendengelder zu beschaffen, dabei aber nicht in direkten Fürsorgebeziehungen zu stehen. Im deutschen Diskurs ist der Begriff einer Ethik der Achtsamkeit eine gute Alternative zum Fürsorgebegriff (Conradi 2012; Vosmann 2016), allerdings ist Fürsorgepflicht für den pädagogischen Kontext der Schule eher zielführend.

Zu unterscheiden sind folgende deutsch-englische Begriffspaare:

Care – Fürsorge
Caring – Fürsorglichkeit
Caregiving – Pflegen
Caretaking – Betreuen

Fürsorge ist lediglich dann notwendig, wenn ein Bedürfnis nicht selbst befriedigt werden kann und somit Care notwendig wird (Conradi 2001). Care bezeichnet daher die moralische Entwicklung des Menschen als Antwort auf die Bedürfnisse anderer. Ricken (2017, S. 42) weist darauf hin, dass eine Care-Handlung *für andere* erfolgen kann (Dienstleistung), *am anderen* vollzogen wird (Fürsorgehandlung), *mit anderen* stattfindet (Kooperation), aber auch ein Handeln *gegen jemanden* erfordern kann (Intervention).

Übung zur Selbstreflexion und in Kleingruppen: Geben Sie jeder Person Zeit, sich zurückzuziehen und über einige persönliche Fragen der Fürsorge nachzudenken. Stellen Sie dazu einige Fragen zur Selbstreflexion an der Tafel oder per Handout:

Für Studierende: In welchen Bereichen bin ich von anderen abhängig (z.B. Abhängigkeit von den Eltern)? In welchen Rechtsbeziehungen und persönlichen Beziehungen befinde ich mich derzeit, in denen ich von anderen abhängig bin (z.B. finanzielle Abhängigkeit von Studienbeihilfen)? Wie können (helfende) Beziehungen im Lichte der Abhängigkeit ohne Bevormundung gestaltet werden?

*Für Schüler*innen:* Schüler*innen können sich mit der Frage „Wer sorgt sich um mich?“ befassen. Entwerfen Sie weitere Satzanfänge und geben Sie den Schüler*innen entweder Antworten vor (Mutter, Vater, Tante, Onkel, Großeltern, Lehrpersonen, ich selbst oder niemand) oder lassen Sie sie offen antworten.

Wer sorgt sich um mich, wenn ich mich verletze?
Wer sorgt sich um mich, wenn ich Hunger habe?
Wer sorgt sich um mich, wenn ich Geld brauche?
Wer sorgt sich um mich, wenn ich Probleme in der Schule habe? usw.

Wichtig ist es, die Übung im Nachgang mit den Schüler*innen zu besprechen, vor allem, wenn diese öfter angeben, dass sie sich selbst helfen oder niemanden angeben, der ihnen zur Seite steht.

Care löst, wie bereits erwähnt, gewisse Abhängigkeiten aus, da ein Bedürfnis nicht gestillt werden kann. Abhängig zu sein, stellt aber bei Weitem keinen Ausnahmezustand dar:

> „Reale Menschen beginnen ihr Leben als hilflose Kinder und bleiben in einem Zustand asymmetrischer Abhängigkeit: körperlich und geistig, irgendwo zwischen 10-20 Jahren. Am Ende ihres Lebens ist es für diejenigen, die ein hohes Alter erreichen, wahrscheinlich, dass sie wiederum eine Periode extremer Abhängigkeit erwartet, … die abermals 20 Jahre dauern kann…sodass wir täglich die Fürsorge anderer bedürfen." (Höhne 2006, S.142)

Abhängigkeiten bestehen in unterschiedlichen Lebensphasen, vor allem in der Kindheit und im Alter, aber auch bei Krankheit, Unfall oder in schwierigen Lebenssituationen (Höhne 2006). Abhängig zu sein, bedeutet soziologisch betrachtet, von der Norm der Unabhängigkeit und ständigen Leistungsfähigkeit abzuweichen. Damit sind Bedürftigkeit und Fürsorge einem Stigma unterworfen (Lindmeier & Lindmeier 2012). Für die pädagogische Arbeit rund um Inklusion stellen sich verschiedene Fragen: Wie können Schüler*innen vor Entmündigung, Isolation, Ungleichheit, Unterordnung oder schlicht Unachtsamkeit geschützt werden, ohne fremdbestimmt zu werden? Wie lässt sich gute Sorgearbeit im Kontext Schule gestalten? Wie lässt sich eine pädagogische Fürsorge für *alle* Schüler*innen durch Anteilnahme und Anerkennung umsetzen?

3.2 Bezugskonzepte einer pädagogischen Fürsorgepflicht und Care-Ethik

Nel Noddings (geb. 1929 in den USA) ist eine amerikanische Pädagogin, die eine Fürsorgeethik und pädagogische Fürsorgepflicht vertritt. Sie unterscheidet zwischen Tugend- und Beziehungsfürsorge (Noddings 2009). Die Tugendfürsorge geht von der Person aus, die Unterstützung benötigt, und die Beziehungsfürsorge von jener Person, die eine Care-Handlung setzt. Fürsorge ist demnach ein wechselseitiger Akt und eine dialektische Interaktion (Noddings 1984; 2006; 2009). In ihrer Fürsorgetheorie ist Fürsorge eine Praxis des Sorgens und eine Ethik der Aufmerksamkeit, die aber durchaus den Kontext abseits zwischenmenschlicher Beziehungen berücksichtigt.

Joan Tronto (geb. 1952 in den USA) ist eine amerikanische Politikwissenschaftlerin und Feministin, die sich dem Thema Care als gesamtgesellschaftliche Aufgabe und geschlechterunabhängige Fürsorge annimmt. Sie geht davon aus, dass alle Menschen ein Grundbedürfnis nach Fürsorge haben, das den Körper, die Persönlichkeit und die soziale Umgebung des Menschen beinhaltet (Tronto 1998; 2015). Die Bedürfnisse müssen im ersten Schritt identifiziert werden (*caring about*), bevor sich ein Verantwortungsbewusstsein oder eine Verantwortungsübernahme durch andere herausbilden (*caring for*) und eine Care-Handlung vollzogen werden kann (*caregiving*). Care kann dabei bildlich mit Hilfe einer Wippe beschrieben werden: Auf jeder Seite der Wippe sitzt eine Person, die die Geschwindigkeit und Bewegung der Wippe gemeinsam beeinflussen. Demnach ist Care für Tronto eine Interaktion, d.h. ein Prozess zwischen zwei Personen, ein gemeinschaftlicher Prozess des täglichen Lebens, der sowohl moralische Verpflichtungen, politische Zugeständnisse und die konkrete Care-Handlung braucht und eine Reaktion bei der Person hervorruft, die sie benötigt (*carereceiving*). Fürsorgeethik gilt nur unter der Voraussetzung der deutlich gemachten Reaktion der Zielgruppe(n), Fürsorge erhalten zu haben, zum Beispiel durch ein Kopfnicken (*Reziprozität*). Die beschriebenen Elemente (Aufmerksamkeit, Verantwortlichkeit, Kompetenz und Empfänglichkeit) finden sich in Graumanns (2016) Modell der guten Sorgearbeit wieder (Abschnitt 3.7).

Elisabeth Conradi (geb. 1964 in Deutschland) gilt als deutschsprachige Vertreterin einer Ethik der Achtsamkeit. Sie verbindet die Notwendigkeit zur Achtsamkeit mit Abhängigkeit und Verletzbarkeit und spricht sich dafür aus, dass die Menschenwürde in einer Ethik der Achtsamkeit gewahrt werden muss (Abschnitt 2.1). Sie definiert Achtsamkeit wie folgt (Conradi 2001):

> „Achtsamkeit drückt das Anliegen aus, dass Menschen sich anderen Menschen zuwenden, sie ernst nehmen, auf sie eingehen, für sie sorgen, sowie dass Menschen Zuwendung zulassen, reagieren, sich einlassen. Achtsamkeit unterscheidet sich von der herkömmlichen Fassung von Achtung, der zur Folge autonome Menschen sich gegenseitig respektieren (sollen)."

In diesem Zusammenhang wird deutlich, wie passend sich das Konzept der Achtsamkeit für die pädagogische Tätigkeit darstellt. Das Eingehen, Zuwenden und Sorgen um Schüler*innen stellt einen wichtigen Bereich der Professionalisierung von Lehrpersonen dar, die ihren pädagogischen Alltag damit verbringen, zwischenmenschliche Beziehungen mit Achtsamkeit zu gestalten. Häufig wird der Blick auf die spezifische Balance der Achtsamkeit übersehen, d.h. einer Balance zwischen Selbstsorge und Sorge für andere. Denn nur wer für sich selbst sorgt (und etwa auf Arbeitsbedingungen oder die eigene Gesundheit achtet), kann das volle Potenzial der Fürsorge für andere abrufen (Conradi 2012). Conradi zeigt zudem unterschiedliche Spannungsfelder in diesen Fürsorgebeziehungen auf: Sie versteht Care als Sorge für andere mit einem gewissen Maß an Selbstaufopferung, aber in einer Balance zwischen Selbstsorge und Sorge für andere. Zudem ist Care als wechselseitige Interaktion zu verstehen und nicht als Tätigkeit, die sich in eine Richtung verrichten lässt. Care erfordert in der Regel eine Reaktion (Abschnitt 3.7). Care kann zudem als asymmetrisches Verhältnis zwischen Macht und Ohnmacht verstanden werden, denn nicht alle Bedürfnisse lassen sich stillen, was dazu führen kann, dass fürsorglich tätige Personen eine gewisse Ohnmacht wahrnehmen. Das zeigt wiederum die Notwendigkeit auf, Care nicht als Emotion abzutun, sondern Fürsorgekompetenz aufzubauen, um diesen Schwierigkeiten zu begegnen. So genügt es etwa nicht, sich achtsam einem Kind mit Trisomie zuzuwenden, denn es bedarf zusätzlicher Kompetenzen, etwa welche Maßnahmen der Frühförderung der Familie zustehen, um dem Kind zu Selbstbestimmung und Autonomie zu verhelfen. Care ist demnach durch Fühlen, Denken und Handeln im Spannungsfeld des Rationalen und Emotionalen gekennzeichnet (Conradi 2001; 2012).

3.3 Drei Ebenen der Fürsorge

Fürsorge kann auf drei Ebenen dargestellt werden. Fürsorge umfasst:

> „*die Fähigkeit zur Empathie*, die sich in der Art und Weise der Begegnung von fürsorgender und betreuter Person niederschlägt und den Charakter sowie die *Qualität der zugrunde liegenden zwischenmenschlichen Interaktion* bestimmt; die auf einen anderen Menschen gerichtete, unterstützende Tätigkeit in einem informellen oder professionellen Kontext, bezogen auf den Lebenszyklus oder auf besondere Lebenslagen, die Hilfeprozesse erfordern; die **gesellschaftliche Organisation dieser Leistungen und Tätigkeiten**" (Brückner 2001, S. 150f).

Auf der *Mikroebene der zwischenmenschlichen Beziehungen* bedeutet Fürsorge die Fähigkeit, sich in andere hineinzuversetzen und empathisch in zwischenmenschlichen Situationen zu agieren und reagieren. Auf der Mesoebene des (schulischen) Kontexts dieser Beziehung müssen aber auch unterstützende Strukturen aufgebaut werden, etwa konkrete Fördermaßnahmen gesetzt werden, die auf die besonderen Bedürfnisse und Lebenslagen der Schüler*innen eingehen. Schließlich ist Fürsorge eine Aufgabe des Staates auf der **Makroebene der Organisation dieser Beziehung**. Damit sind rechtliche Grundlagen sowie beispielsweise Gesundheitsversorgung und finanzielle Hilfen gemeint. Die Definition zeigt deutlich, dass Fürsorge als individuelle, zwischenmenschliche und gesellschaftliche Verantwortung zu verstehen ist.

In der Pädagogik gilt die Fürsorgepflicht als Teil der Berufstugend bzw. des pädagogischen Ethos (Oser 2018). Die Fürsorge als pädagogische Tugend vertritt in besonderem Maße Noddings (2009) in ihrer Differenzierung von Tugend- und Beziehungsfürsorge (Abschnitt 3.2). In der Auseinandersetzung mit der Fürsorgepflicht im pädagogischen Kontext werden zudem Emotionen zum Gegenstand pädagogisch-ethischer Diskussion (Höhne 2006). Fürsorge von Lehrpersonen gelten als komplexe Tugend, die noch andere ergänzende Tugenden wie Flexibilität und Offenheit braucht. Dies kann entweder als Charakterzug der Lehrperson oder als eingeübte Tätigkeit verstanden werden, die regelmäßig in fürsorglichen Beziehungen hergestellt werden. Fürsorgebeziehungen beruhen in erster Linie aber nicht auf Gegenleistungen und Fürsorge kann auch nicht eingefordert werden. Fürsorge kann nicht als 1-zu-1 Prinzip zwischen Lehrperson und Schüler*in betrachtet werden, sondern als

Verantwortung der Gemeinschaft, in der auch Institutionen ihrer Sorgearbeit nachkommen müssen (Niehoff 2005). Damit sind Bildungsgerechtigkeit und Fürsorge sich überlagernde Konzepte (Kapitel 4). Die häufig weiblich konnotierte Sorgearbeit im Sozial- und Bildungsbereich stellt den Universalitätsanspruch und die vermeintliche Geschlechterneutralität der Bildungsgerechtigkeit in Frage, denn Caring wirft zwar eine Perspektive auf die weibliche Lebens- und Handlungspraxis vieler Frauen und Mädchen, umfasst aber selbstverständlich auch Männer. Caring wird als feministisches Konzept betrachtet, weil es der Realität der Fürsorge entspricht, deren Hauptlast Frauen tragen (Graumann 2006; Noddings 1984; 2006). Zudem verrichten Frauen tendenziell eher als Männer karitative, freiwillige und unbezahlte Arbeit, ohne die das Sozialsystem bzw. das Gemeinwesen nicht funktionieren würden.

Rechercheübung für Schüler*innen: Das Gerichtsverfahren rund um bekannte Musikerin Britney Spears eignet sich, um Schüler*innen anzuregen, zum Thema Fürsorgepflicht im Detail zu recherchieren (Vormundschaft und Sorgerecht). Verfassen Sie einen Rechercheauftrag, je nach Vorkenntnissen der Lernenden, der aufklären soll, wie sich die langjährige Vormundschaft (13 Jahre) durch den Vater von Britney Spears auf sie ausgewirkt hat. Welche Anschuldigungen lagen gegen Britney Spears wegen missbräuchlicher Fürsorge ihrer beiden Kinder gegenüber vor? Welche Vorwürfe lagen gegen ihren Vater wegen missbräuchlicher Vormundschaft gegenüber seiner Tochter vor? Wie wurde durch die langjährige Vormundschaft ihres Vaters ihre (finanzielle, soziale oder körperliche) Autonomie sowie Lebensentscheidungen eingeschränkt? Warum wurde die Vormundschaft 2021 beendet?

Filmanalyse für Studierende: Sehen Sie sich den Film Systemsprenger (2020) an. In der Hauptrolle sehen Sie die neunjährige Benni, die sich in unterschiedlichen positiven und negativen Fürsorgebeziehungen befindet. Lassen Sie die Studierenden über folgende Fragen nachdenken: Warum wird Benni als Systemsprengerin bezeichnet? Welche Bezugs- und Vertrauenspersonen hat Benni? Wie würden Sie die Fürsorgebeziehungen von Benni zu Micha (Schulbegleiter) und Frau Bafane (Jugendamt) beschreiben? In welchen Situationen fehlt ihnen die professionelle Distanz? Wie äußert sich das? Welches pädagogische Wissen und Können erfordert ein professioneller Umgang mit schwierigen Jugendlichen? Welche Ebenen der Fürsorge stellt der Film dar (Mikro-, Meso-, Makroebene)? Zusätzlich können Studierende den Text von Baumann, Bolz, T. & Albers, V. (2017). *"Systemsprenger" in der Schule: auf massiv störende Verhaltensweisen von Schülerinnen und Schülern reagieren.* Juventa: Beltz Verlag lesen, um ihr Wissen zu vertiefen.

In der Care-Ethik geht es vor allem darum, die Autonomie der Beteiligten zu fördern und darum, keine bevormundende Haltung einzunehmen. Sie beinhaltet aber ebenso Anteilnahme und Achtsamkeit und stellt sich gegen ungleiche, gesellschaftliche Machtverteilung und Unterdrückung (Lindmeier & Lindmeier 2012).

3.4 Rechtliche Grundlagen einer pädagogischen Fürsorgepflicht

Schulen können im rechtlichen Sinne nicht als traditionelle Sozialeinrichtungen bezeichnet werden, die sich vorrangig der Fürsorge annehmen. Zwischen Lehrer*innen und Schüler*innen besteht aber eine Fürsorgepflicht. Rechtlich gesehen besteht laut deutschem und österreichischem Schulgesetz eine *Aufsichtspflicht* der Lehrpersonen, deren Zweck es ist, Schüler*innen vor Schaden und Schädigungen zu bewahren. Diese beinhaltet eine vorausschauende Umsichtigkeit, eine ununterbrochene Beständigkeit und eine kontrollierende Nachdrücklichkeit. Die Verletzung der Aufsichtspflicht kann rechtliche Folgen für Lehrpersonen nach sich ziehen, wie etwa ein Verfahren wegen Fahrlässigkeit, grober Fahrlässigkeit oder sogar Vorsätzlichkeit. Zudem bestehen weitere rechtliche Grundlagen für Lehrpersonen: die *Folgepflicht*, die voraussetzt, dass dienstlichen Anweisungen der Schulleitung nachgekommen werden, die *Schweigepflicht* und die *Fürsorgepflicht*, die wie bereits erwähnt die Beaufsichtigung der Schüler*innen aber auch das Abwenden von Schaden umfasst. Das österreichische Schulunterrichtsgesetz §51(3) besagt:

> „Der Lehrer hat nach der jeweiligen Diensteinteilung die Schüler in der Schule auch 15 Minuten vor Beginn des Unterrichtes, in den Unterrichtspausen (…) und unmittelbar nach Beendigung des Unterrichtes beim Verlassen der Schule sowie bei allen Schulveranstaltungen und schulbezogenen Veranstaltungen innerhalb und außerhalb des Schulhauses zu beaufsichtigen, soweit dies nach dem Alter und der geistigen Reife der Schüler erforderlich ist. Hierbei hat er insbesondere auf die körperliche Sicherheit und auf die Gesundheit der Schüler zu achten und Gefahren nach Kräften abzuwehren. Dies gilt sinngemäß für den Betreuungsteil an ganztägigen Schulformen, wobei an die Stelle des Unterrichtes der Betreuungsteil tritt."

An der Formulierung des rechtlichen Rahmens kann man einen größeren Ermessungsspielraum von Lehrpersonen hinsichtlich ihrer Fürsorgepflicht ableiten, der sich auf das Alter und die geistige Reife der Schüler*innen bezieht. Manche Schüler*innen sind einer besonderen Verletzlichkeit ausgesetzt, wie etwa 95.000 Schüler*innen in Deutschland, die laut Statistischem Bundesamt Deutschland (2021) im Schuljahr 2019/2020 in Grundschulen sonderpädagogisch gefördert wurden. Die Fürsorgepflicht ihrer Lehrpersonen hängt – abgesehen vom rechtlichen Rahmen – in starkem Ausmaß von ihrer pädagogischen Grundhaltung und ihrem Ethos ab (Oser 2018), nämlich ob sich diese für die Umsetzung von Inklusion oder Förderplänen einsetzen. In diesem Zusammenhang wird die Abhängigkeit bestimmter Schüler*innen-gruppen von Bildungsinstitutionen besonders deutlich, denn es obliegt der Schule, eine bedarfsgerechte, fürsorgliche und inklusive Lernumgebung zu schaffen. Ist dies nicht der Fall, ist die Familie von den Entscheidungen der verfahrensleitenden Organe der Bildungsdirektionen abhängig (Gitschthaler et al. 2021b).

3.5 Fallbeispiel „Jasper hat sein Medikament vergessen"

Die rechtlichen Einschränkungen der Fürsorgepflicht werden am folgenden Fallbeispiel deutlich.

Jasper ist dreizehn Jahre alt. In seiner Grundschulzeit zeigte er ein auffälliges, unruhiges und unkonzentriertes Sozial- und Arbeitsverhalten, woraufhin bei ihm Aufmerksamkeitsdefizit-Hyperaktivitätsstörung (kurz: ADHS) diagnostiziert wurde und er auf das Medikament Ritalin[1] eingestellt wurde. Er ist aktuell mit 14 weiteren Mitschüler*innen in der dritten Klasse Unterstufe und geht in seiner Wohnortnähe in eine Mittelschule. Seine Klassenlehrerin heißt Frau Möller, sie kennt und unterrichtet die Klasse seit wenigen Wochen.

An diesem Schultag hat Jasper erneut vergessen, sein Medikament zu nehmen, weshalb sich seine Hyperaktivität und Impulsivität im Laufe des Tages verstärken, bis es zu häufigen Unterrichtsstörungen kommt: Er verhält sich unruhig und wippt mit dem Sessel, kommentiert und ruft ununterbrochen dazwischen, während seine Mitschüler*innen und Frau Möller etwas zum Unterricht beitragen möchten. Außerdem verlässt er des Öfteren seinen Sitzplatz, läuft in der Klasse herum und nimmt seinen Mitschüler*innen Schulmaterialien wie Stifte oder Hefte weg. Zudem bearbeitet Jasper seine Aufgaben während des Unterrichts nicht. Erst nach mehrmaligem Auffordern durch die Lehrkraft kann er sich für wenige Minuten auf die Aufgaben und das Unterrichtsgeschehen konzentrieren. Somit ist kein konzentriertes und produktives Lernen bei Jasper bzw. seinen Mitschüler*innen möglich, denn die Unruhe überträgt sich auf diese.

Frau Möller hat noch nicht so viele Erfahrungen im Umgang mit ADHS und den damit eventuell verbundenen Unterrichtsstörungen. Deshalb hat sie auch noch keinen adäquaten pädagogischen Umgang für sich gefunden und ist deshalb in ihrem Handeln erstmal verunsichert. Als ersten Handlungs-

1 Ritalin gilt als Standardmedikament bei ADHS und ist in Österreich bei Kindern ab sechs Jahren zugelassen. Üblicherweise nehmen Kinder eine Tagesdosis Ritalin.

schritt fordert Frau Möller Jasper mehrmals in einem ruhigen, aber bestimmten Ton auf, auf seinem Platz sitzen zu bleiben, seine Aufgaben zu bearbeiten und seine Mitschüler*innen in Ruhe zu lassen. Nach dieser erfolglosen Intervention geht die Lehrkraft mit Jasper vor die Tür für ein Gespräch unter vier Augen. Sie fragt ihn, ob etwas vorgefallen ist, ihn etwas Bestimmtes beschäftigt und er sein Medikament genommen hat. Da erfährt Frau Möller, dass er erneut vergessen hat, sein Medikament einzunehmen.

Jaspers Klassenlehrerin entschließt sich, den ehemaligen Klassenlehrer von Jasper, Herrn Schmitz, um Rat zu fragen. Dabei stoßen beide während des Gesprächs auf einige Schwierigkeiten und Herausforderungen: Für Jasper ist das verschreibungspflichtige Medikament Ritalin für den Notfall in der Schule nicht vorrätig. Außerdem kann Frau Möller seine Eltern telefonisch nicht erreichen und besitzt somit kein Einverständnis, ihm dieses Medikament, wenn eins zu Verfügung stehen würde, zu geben. Zudem wäre es erforderlich, dass Jasper es, nach dem Einverständnis der Eltern und nach Zurverfügungstellung des Medikaments durch die Lehrkraft, selbständig einnimmt. Weiterhin muss Frau Möller für den aktuellen Schultag und für die zukünftigen Schultage einen adäquaten pädagogischen Umgang mit den Unterrichtsstörungen finden. Es stellen sich auch noch größere Fragen, warum Jasper sein Medikament regelmäßig vergisst und wie die familiäre Situation zu Hause einzuschätzen ist? Weiters ist unklar, warum keines der Elternteile telefonisch erreichbar ist. Liegt die Einnahme vielleicht in seiner vollen Verantwortung oder wird sie von den Eltern überprüft? Handelt es sich wirklich um ein Vergessen der Einnahme oder hat er möglicherweise Probleme mit den Nebenwirkungen und hat es doch genommen?

3.6 Diskussion des Fallbeispiels

Diskussion in Kleingruppen: Die Schüler*innen oder Studierenden lesen das Fallbeispiel in Kleingruppen und beantworten anschließend die Diskussionsfragen. Die Fragen müssen auf die jeweilige Lerngruppe zugeschnitten und adaptiert werden.

Diskussionsfragen:

- Welche Aufgaben hat die Lehrperson hier im Sinne der Inklusion und der pädagogischen Fürsorgepflicht? Welche Form von Care ist hier notwendig?
- Soll das Medikament Ritalin nachträglich vergeben werden? Unter welchen Bedingungen?
- Auf welche Kinderrechte muss in diesem Fall geachtet werden?

- Soll Jasper vom Rest der Klasse getrennt werden, um weitere Unterrichtsstörungen zu vermeiden? Wie kann die Lehrkraft in einem solchen Fall ihrem Bildungsauftrag nachkommen?

Das Fallbeispiel zeigt einige Probleme auf, die der pädagogischen Fürsorgepflicht zugeordnet werden können und zusätzlichen Handlungsbedarf bzw. das Engagement der Klassenlehrerin notwendig machen. Jasper ist mit ADHS diagnostiziert, was zu den häufigsten Verhaltensauffälligkeiten im Kindes- und Jugendalter zählt. Jungen sind dabei drei- bis viermal häufiger betroffen als Mädchen (Holl 2018).

Die Diagnose basiert auf bestimmten, klinischen Kriterien: Bei ADHS sind die drei Kernbereiche *Unaufmerksamkeit, Impulsivität und Hyperaktivität* von Auffälligkeiten gekennzeichnet, die in einem deutlich erhöhten Maß vorhanden sein müssen, bereits vor dem zwölften Lebensjahr für einen Zeitraum von mindestens sechs Monaten bestanden haben und mindestens zwei Lebensbereiche (z.B. Schule, Elternhaus) betreffen. *Unaufmerksamkeit* ist u.a. von leichter Ablenkbarkeit, Konzentrationsschwäche sowie dem Begehen von Flüchtigkeitsfehlern gekennzeichnet. Das Umfeld wird von den Betroffenen umfassend wahrgenommen, wodurch Tätigkeiten bzw. Anweisungen nicht beendet werden, Dinge häufig verloren gehen. Bei der *Hyperaktivität* leidet der oder die Schüler*in an körperlicher Unruhe und Ruhelosigkeit, zudem zappelt er oder sie mit Händen oder Füßen, kann nicht lange stillsitzen, spricht oft ununterbrochen oder fordert uneingeschränkte Aufmerksamkeit ein. "Living with ADHD is like being locked in a room with 100 televisions and 100 radios all playing. None of them have power buttons so you can turn them off and the door is locked from outside." (Holl 2018, S. 5). *Impulsivität* bedeutet, andere im Sprechen zu unterbrechen, zu handeln oder zu antworten, bevor Anweisungen oder Fragen zu Ende gehört wurden. Häufig ergeben sich Schwierigkeiten in Beziehungen zu Gleichaltrigen sowie verminderte Selbstwertgefühle.

Erfasst wird ADHS von Fachärzt*innen der Kinder- und Jugendpsychiatrie, Psychotherapeut*innen, klinischen Psycholog*innen oder Schulpsycholog*innen, die über ein ausführliches Elterngespräch zum Verhalten des Kindes und der Familiensituation, über Gespräche mit Lehrkräften, durch körperliche, neurologische und psychologische Diagnostik Schlüsse ziehen (Döpfner et al. 2013). Empfehlenswert ist eine multimodale Behandlung von ADHS, d.h. eine Kombination aus verschiedenen therapeutischen Ansätzen und Medikamenten, wie z.B. Elterntraining, Familientherapie oder diätische Behandlung. Die medikamentöse Behandlung ist nicht unumstritten. Es ist dennoch entscheidend, das Kind mit seinem gesamten Umfeld in den Blick zu nehmen.

Für die Lehrperson Frau Möller ergibt sich in diesem Beispiel die Schwierigkeit, dass die Eltern telefonisch nicht erreichbar sind und Ritalin als verschreibungspflichtiges Medikament für den Notfall nicht in der Schule vorrätig ist. Selbst wenn das Medikament in der Schule lagernd wäre, dürfte die Klassenlehrerin es dem Schüler nicht verabreichen. Im Sinne der rechtlichen Rahmenbedingungen kann dies nur im Einverständnis der Eltern erfolgen und nur, wenn Jasper selbst das Medikament bei sich hat und einnimmt. Für die Lehrerin erschwert die Situation ihren Bildungsauftrag in der Klasse. Eine nachträgliche Medikamenteneinnahme führt zudem eventuell zu einer Verminderung des Selbstwertgefühls des Schülers, da diese Option eine „einfache" Problemlösung darstellt, die Jasper „ruhiggestellt" und letztendlich medikalisiert. Damit wird ihm vermittelt, dass er nur mit Medikamenten zu ertragen oder zu unterrichten ist. Jasper sollte unabhängig von seinen speziellen Eigenschaften, Merkmalen oder Leistungen Achtung, Zuwendung und Anerkennung erfahren (Andorno & Christensen 2014). Eine nachträgliche Medikamenteneinnahme – etwa unter der Aufsicht einer Schulärztin – könnte aber positive Auswirkungen auf das Lernsetting und das Klassenklima haben.

Die pädagogische Fürsorgepflicht gilt dann als verletzt, wenn die Situation mittel- und langfristig ignoriert wird und die Eltern nicht informiert werden. Frau Möller muss für den aktuellen Schultag und zukünftige Schultage einen adäquaten pädagogischen Umgang finden und Antworten auf größere Fragen gemeinsam mit der Familie und einem ausgeweiteten Unterstützungssystem finden: Warum vergisst Jasper sein Medikament regelmäßig und wie ist die familiäre Situation zu Hause einzuschätzen? Liegt die Einnahme vielleicht in Jaspers voller Verantwortung oder wird sie von den Eltern überprüft? Die Handlungsoptionen von Frau Möller sind klar: Wie bereits in Abschnitt 2.4 festgestellt, sind häufige Mechanismen von Lehrpersonen, um ihrer pädagogischen und moralischen Verpflichtung nicht nachkommen zu müssen, Vermeidung und Delegation (Oser 2018). Im Sinne einer umfassenden Care-Ethik müssen alle drei Ebenen der Fürsorge genutzt werden, um Jasper einen möglichst passenden Schulalltag zu ermöglichen: ein vertrauensvolles Verhältnis zur Klassenlehrerin (*Mikroebene*), schulische Unterstützungssysteme wie etwa Verantwortungsübernahme durch eine Schulärztin oder Schulpsychologin sowie Fördermaßnahmen und Lösungen für die Unterrichtsstörungen (*Mesoebene*) und eine altersentsprechende Gesundheitsversorgung durch den Staat für Jasper und seine Eltern (*Makroebene*).

Eine theoretische und praxisnahe Auseinandersetzung mit Unterrichtsstörungen (Eckstein 2018; Keller 2008; Schönbächler et al. 2009; Ummel et al. 2009) ist für die Lehrperson unerlässlich, um diese nicht einem einzelnen (störenden) Kind zuzuweisen und dieses damit nicht zu stigmatisieren. Bisherige Studien zu Unterrichtsstörungen besagen, dass Störungen durch normabweichendes Verhalten einerseits und subjektives Störungsempfinden andererseits bedingt werden (Schönbächler et al. 2009). Zudem spielen die Merkmale des Unterrichts, die Zusammensetzung der Klasse und die pädagogisch-didaktische Unterrichtspraxis eine wesentliche Rolle für die Entstehung von

Unterrichtsstörungen. Die didaktische Umsetzung ist eindeutig eine Stellschraube der Lehrperson – mit direkten Auswirkungen auf die Schüler*innen, die diesen Unterricht mit Neugierde, Langweile oder Frustration erfahren. Kinder mit ADHS benötigen in offenen Unterrichtsphasen klare Anleitungen.

Dies spricht dafür, die Unterrichtsstörung als pädagogisches Handlungsfeld von Frau Möller und als schulische Gemeinschaftsaufgabe zu verstehen. Noddings spricht sich in ihren Werken deutlich für die Verantwortung der Gemeinschaft anstelle des Individuums aus (Noddings 1984). Schulen werden im Sinne einer gemeinsamen Umsetzung von Inklusion und Fürsorgepflicht als *caring communities* verstanden, in denen nicht lediglich Einzelne die Verantwortung für das Gemeinwohl tragen, sondern ein kollektives Verständnis von einer gelungenen Schulkultur vorherrschen soll (Kruse & Louis 2009). Dazu braucht es ein über die individuellen Bedürfnisse hinausgehendes Professionsverständnis, dass die Pädagogik auf die Unterstützung anderer Berufsgruppen angewiesen ist und – wie im Falle von Jasper – berufsgruppenübergreifende Entscheidungen notwendig sein können. Ein entsprechender pädagogischer Ethos meint einerseits eine fürsorgliche Haltung der Lehrperson und andererseits eine gelungene Praxis in einer bestimmten Problemsituation. Ein individualistisches Professionsverständnis muss von einem kollektiven Verständnis für Inklusion und Care abgelöst werden.

3.7 Fazit: Kriterien guter Sorgearbeit im Kontext Schule

Die pädagogische Fürsorgepflicht stellt eines der leitenden Prinzipien für Inklusion in der Schule dar. Tronto entwickelte bereits in den 1990er Jahren Qualitätskriterien für eine entsprechende, gute Sorgearbeit. Für die konkrete schulische Handlungspraxis erweisen sich die vier Kriterien guter Sorgearbeit von Graumann (2006) auf der Basis von Tronto (2015) als wichtige Elemente des professionellen Weiterlernens für Lehrpersonen (Tabelle 2): *Aufmerksamkeit* (attentiveness), *Verantwortlichkeit* (responsibility), *Kompetenz* (competence) und *Empfänglichkeit* (responsiveness).

- Aufmerksamkeit (*attentiveness*): Aufmerksamkeit meint die Bedürfnisse anderer wahrzunehmen und zu erkennen. Bedürftigkeit zu ignorieren oder zu delegieren wären Kriterien schlechter Sorgearbeit. Im Sinne des balanced caring verweist Tronto auf die Wichtigkeit, die eigenen Bedürfnisse zu kennen, um in weiterer Folge in der Lage zu sein, die Bedürfnisse anderer zu erfassen.
- Verantwortlichkeit (*responsibility*): Dabei geht es um die Bereitschaft, Verantwortung für andere zu übernehmen, die über eine reine Verpflichtung hinausgeht. Dazu zählt, institutionelle Gegebenheiten, gesellschaftli-

chen Strukturen oder schulpolitische Entscheidungen zu hinterfragen, um gute Sorgearbeit leisten zu können.

- Kompetenz (*competence*): Kompetenzübernahme betrifft das Vorhandensein bzw. die Bereitschaft zur Aneignung einer für Fürsorge notwendigen Kompetenzen, z.B. Informationen zu bestimmten Erkrankungen, frühen Hilfen oder Fördermodellen. Kompetenz beinhaltet zudem, die eigene beruflichen Grenzen zu erkennen und Verantwortung an geeignete professionelle Dritte abzugeben, sollte dies notwendig sein. Fürsorge ist weitaus mehr als eine emotionale Kompetenz.
- Empfänglichkeit (*responsiveness*): Empfänglichkeit bedeutet, sich auf die Sorgebeziehung einzulassen und betrifft sowohl die fürsorgende Person als auch diejenigen, die Fürsorge erfahren. Beide Seiten lassen sich aktiv auf die Sorgebeziehung ein sowie auf ein kontinuierliches gegenseitiges Wahrnehmen ihrer Bedürfnisse. Es entsteht Resonanz.

Tabelle 2: Kriterien guter Sorgearbeit

Aufmerksamkeit – Attentiveness Bedürfnisse anderer wahrnehmen und deuten	**Verantwortlichkeit – Responsibility** Bereitschaft, Verantwortung zu übernehmen, die über Pflichttreue hinausgeht
Kompetenz – Competence Verantwortungsübername oder Delegieren von Aufgaben je nach Kompetenz	**Empfänglichkeit – Responsiveness** Gegenseitiges Einlassen auf die Sorge-Beziehung

Quelle: Eigene Darstellung, adaptiert nach Graumann (2006)

Die Relevanz für die Pädagogik ist deshalb groß, weil professionelles Lehrer*innenhandeln Beziehungsfähigkeit, Empathie und Fürsorge voraussetzt und diese wirksamer sind als Sanktionen. Fürsorge darf aber nicht als „warmes, sanftes Gefühl“ missverstanden werden, sondern als wirksames Handeln, das Kompetenz erfordert (Noddings 2006). Das in diesem Kapitel dargestellte Fallbeispiel hat aufgezeigt, wo die Probleme des balanced caring liegen können: zwischen der Verpflichtung für sich selbst und der Sorge anderen gegenüber: der Notwendigkeit, sich „ohne Sorgen zu sorgen“.

Teil II
Die normativ-ideologische Ebene

4 Inklusion und Bildungsgerechtigkeit

Wenn sozialen Ungleichheiten (Abschnitt 1.2), die die ungleiche Verteilung von (Bildungs)Chancen und Ressourcen zwischen Personen, Gruppen und Organisationen definieren, ein Bewertungsmaßstab hinzugefügt wird, können Bildungs*ungleichheiten* zu Bildungs*ungerechtigkeiten* werden (Brake & Büchner 2012). Die Bildungsgerechtigkeit betrifft mit ihrem zugrundeliegenden Gerechtigkeitsbegriff die Meso- und Makroebene der Schule bzw. der Gesellschaft und weniger individuelle Entscheidungen auf der Mikroebene. In diesem Kapitel steht demzufolge das systemische Denken im Vordergrund. Bildungsgerechtigkeit ist dann hergestellt, wenn jedes Kind ein Bildungsniveau erreicht, das ihm oder ihr ein gutes Leben in der Gesellschaft ermöglicht (Giesinger 2007).

Aktivierung: Beginnen Sie den Unterricht zu Inklusion und Bildungsgerechtigkeit mit einer aktivierenden Aufgabe. Sie können zwischen zwei aktivierenden Übungen wählen:

(1) *Geschichte erzählen:* Lesen oder erzählen Sie die Geschichte aus Anhang 4 und lassen Sie die Lernenden dann raten und reflektieren, worum es in der Geschichte geht. Fragen, die Sie stellen können, könnten folgende sein: Worum geht es in der Geschichte? (Beispiele: Chancengerechtigkeit, Zugang zu Ressourcen, Gleichheit, Gerechtigkeit, Fairness). Wie verläuft die Essensausgabe auf dem fremden Planeten? Welche ähnlichen Prozesse können Sie in der heutigen Gesellschaft, im Bildungssystem oder in der Schule identifizieren? Was ist das Problem daran? Bilder zur Geschichte finden Sie ebenfalls in Anhang 4. Die Geschichte soll dazu dienen, dass sich Lernende leicht in das abstrakt wirkende Thema der Chancengerechtigkeit eindenken können.

(2) *Aussagen reflektieren*: Sammeln Sie eine Reihe von Aussagen zu Bildungs(un)gerechtigkeit, schreiben Sie diese einzeln auf Kärtchen und lassen Sie jede Person ein Kärtchen wählen. Dann soll jede Person erzählen, warum er oder sie die Aussage gewählt hat, was er oder sie damit verbindet bzw. warum er oder sie die Aussage als gerecht oder ungerecht empfindet. *Beispiele:* Sag mir deinen Namen und ich weiß, in welche Schule du gehst. / Jugendliche mit einer Behinderung sollten bis zum 18. Lebensjahr in die Schule gehen dürfen. / Jeder Jugendliche hat dieselbe Chance auf einen Praktikumsplatz. / Jede Sprache ist gleich viel Wert. / Kinder von Ärzten werden später auch Ärzte, weil Bildungschancen vererbt werden. / Kinder an

Privatschulen und Studierende an Privatuniversitäten müssen weniger leisten als andere. / Englisch ist als Fremdsprache mehr wert als zum Beispiel Bosnisch oder Albanisch, weil mehr Menschen Englisch sprechen. / Alle Kinder haben gleich viele Freunde, wenn sie in den Kindergarten kommen. / Wir sprechen alle verschiedene Sprachen im Alltag. / In der Schule soll vor allem Deutsch gesprochen werden.

4.1 Herausforderungen in der Umsetzung von Bildungsgerechtigkeit

Europäische Schulsysteme erheben weitgehend den Anspruch, Bildungsgerechtigkeit für alle Schüler*innen zu ermöglichen (Puhr & Geldner 2017). Allerdings, bei genauerem Hinsehen, gibt es einige Herausforderungen zwischen Anspruch und Realität. Diese Lücke soll anhand dreier aktueller Probleme geschildert werden:

Schüler*innen mit sonderpädagogischem Förderbedarf wird immer noch häufig ihre Bildungsfähigkeit abgesprochen (Feuser 2009). Für diese Schüler*innen endet ihre Schullaufbahn zu früh, denn der Übergang in die Sekundarstufe II. ist für sie kaum zu schaffen. Wer diagnostisch als nicht „lernfähig“ eingestuft wird, wird vom Regelschulsystem separiert und ein sonderpädagogischer Förderbedarf attestiert. Ab diesem Zeitpunkt ist nicht mehr von *Bildung*, sondern von *Förderung* die Rede (Schule für „Praktisch Bildbare“) (Feuser 2009). Damit sind erheblich reduzierte Chancen am Arbeitsmarkt verbunden. Lediglich 0,5 % der Schüler*innen mit sonderpädagogischem Förderbedarf besuchen in Österreich im Anschluss an die Sekundarstufe I. die Oberstufe einer allgemeinbildenden höheren Schule, nur 3,2% eine berufsbildende mittlere Schule und wiederum nur 0,5% eine berufsbildende höhere Schule. Von 17 % der Schüler*innen mit sonderpädagogischem Förderbedarf ist die weitere Ausbildung über das Pflichtschulalter hinaus unbekannt (Gumpoldsberger & Sommer-Binder 2022). Kann man für diese Schüler*innengruppe von einem bildungsgerechten System sprechen?

Obwohl die deutschsprachigen Länder durch ein weitgehend öffentliches Bildungssystem mit geringem Privatschulsektoranteil geprägt sind, ist der soziale Aufstieg für Kinder aus benachteiligten Familien strukturell zwar möglich, aber nicht immer realistisch. Ein wesentlicher Grund dafür ist die (zu) früh zu treffende Bildungsentscheidung der Eltern oder Erziehungsberechtigten, ob das Kind nach der Primarstufe eine Mittelschule oder ein Gymnasium besuchen soll. Die frühe Trennung der Schüler*innen nach der vierten Schulstufe führt zu einer stark ausgeprägten sozialen Segregation in Deutschland und Österreich (aber auch beispielsweise in Ungarn und Belgien). Skandinavische Länder weisen insgesamt mit ihrem Gesamtschulsystem und einer damit verbundenen späteren Trennung der Schüler*innen eine geringere soziale Segregation und damit eine verstärkte Bildungsgerechtigkeit unabhängig der sozialen Herkunft auf (Herzog-Punzenberger 2017).

Ein erheblicher Anteil der Schüler*innen mit anderer Erstsprache als Deutsch werden zu Unrecht in Sonderschulen unterrichtet (Subasi Singh 2020) und dabei Migrationshintergrund und Defizite im Spracherwerb mit Bildungsunfähigkeit gleichgesetzt. Die Intersektionalität von Migrationshintergrund, Armut, Armutsgefährdung und sprachlicher Diversität führt in Österreich, Deutschland und der Schweiz immer noch zu gravierenden Benachteiligungen im Bildungssystem, das weitgehend monolingual ausgerichtet ist und Segregation von nicht-deutschsprachigen Kindern forciert. Schüler*innen mit Migrationshintergrund werden so zu „ewigen Prototypen von Bildungsbenachteiligten“ (Bjegac 2020, S.21). Kinder mit nicht-deutscher Erstsprache werden aufgrund mangelnder Sprachkenntnisse und nicht ausreichend überprüfter Annahmen über ihre Herkunft von der Einschulung eher zurückgestellt, in separaten Klassen (Deutschförderklassen) abseits der Regelklassen unterrichtet (Resch & Erling 2023), oder an Sonderschulen verwiesen, obwohl die Sprachkenntnisse kein Kriterium für die Schultypwahl und insbesondere für die Aufnahme in die Sonderschule sein dürften (Subasi Singh 2020). Implizite Vorstellungen darüber, wie ein „Gymnasialkind“ ist oder zu sein hat, leiten dabei pädagogische Entscheidungen und viele kleine Entscheidungen führen in Summe zu einer statistisch sichtbaren institutionellen Diskriminierung einer bestimmten Gruppe von Schüler*innen (Abschnitt 5.1), die von diesen Intersektionalitäten betroffen sind.

> "Schule ist nach wie vor eine monokulturelle Mittelschichteinrichtung, in der die Mehrheit der Kinder ihre (sub-)kulturellen Erfahrungen und Haltungen verlernen müssen, wenn sie erfolgreich sein wollen.“ (Prengel 2019, S. 17)

Damit müssten einige der aktuellen Herausforderungen des Schulsystems in der Umsetzung von Inklusion und Bildungsgerechtigkeit verstehbar sein. Allerdings: Den strukturellen Herausforderungen und Ungleichheiten stehen individuelle Faktoren und Bildungsentscheidungen gegenüber. Zu den kurz skizzierten ungleichen Bedingungen des Aufwachsens der Schüler*innen aufgrund ihres sozio-ökonomischen Hintergrunds, dem Bildungshintergrund der Eltern oder einer möglichen Armutsgefährdung der Familie kommt die individuelle Freiheit in der Wahl des Bildungsweges und der entsprechenden Gestaltung des Lebensweges eines Kindes hinzu, die es zu respektieren gilt.

4.2 Bildungsgerechtigkeit aus Perspektive der Sustainable Development Goals

Bildungsgerechtigkeit wird als ein übergeordnetes, systemisch-normatives Prinzip der Chancengerechtigkeit erachtet, das einer zentralen Steuerung durch die Bildungs- und Schulpolitik bedarf und nicht lediglich von individuellen Entscheidungen abhängt. Die Vereinten Nationen haben bis 2030 eine Agenda mit 17 Zielen für eine nachhaltige Entwicklung (Sustainable Development Goals, kurz: SDGs) festgelegt. Das Ziel 4 lautet „Hochwertige Bildung“. Es beinhaltet das Ziel 4.5, das besagt, „bis 2030 geschlechtsspezifische Disparitäten in der Bildung beseitigen und den gleichberechtigen Zugang der Schwachen in der Gesellschaft, namentlich von Menschen mit Behinderungen, Angehörigen indigener Völker und Kindern in prekären Situationen, zu allen Bildungs- und Ausbildungsebenen gewährleisten“. Manche dieser Agenden sind in Deutschland, Österreich und der Schweiz *in vollem Umfang* erfüllt, z.B. die allgemeine Schulpflicht für 6–14-Jährige, allerdings weisen manche Ziele *gravierende Mängel* auf, z.B. der Zugang zu Bildung für Kinder mit Fluchthintergrund.

Bildungsgerechtigkeit meint nicht unbedingt eine Gleichbehandlung aller Schüler*innen, sondern eine gleichberechtigte Bildung unter Berücksichtigung der unterschiedlichen emotionalen, kognitiven, sozialen und physischen Voraussetzungen aller Schüler*innen. Die Sustainable Development Goals sollen dazu einen Beitrag leisten, dass jedes Kind ein Bildungsniveau erreicht, das ihm oder ihr ein gutes Leben in der Gesellschaft ermöglicht – erst dann ist Bildungsgerechtigkeit hergestellt (Giesinger 2007). Bildungsgerechtigkeit bedeutet auf der Makroebene des Schulsystems strukturelle Chancengerechtigkeit herzustellen, um den Zugang zu Bildung, Teilhabe an Bildung und den damit verbunden sozialen Status für *alle* Schüler*innen abzusichern (Wigger 2011). Dabei ist die Investition in Bildungschancen in weiterer Folge eine Investition in Berufschancen, Einkommenschancen und Lebenschancen. Inklusion *aller* Schüler*innen ist dabei als Schlüssel zur Bildungsgerechtigkeit im Schulsystem zu verstehen.

Brainstorming an der Tafel oder am Whiteboard: „Wer ist für Bildungsgerechtigkeit verantwortlich?“

Die Frage, wer für das Herstellen von Bildungsgerechtigkeit verantwortlich ist, wird mit den Schüler*innen oder Studierenden im Plenum besprochen und an der Tafel oder am Whiteboard festgehalten. Die möglichen Antworten sind:

Die Politik / Das Ministerium: Bildungsgerechtigkeit ist nicht abseits der Bildungspolitik zu diskutieren. Die Abgeordneten für Bildungspolitik müssen sich auch mit Bildungsgerechtigkeit befassen.

Die Schulbehörden / Die Bildungsdirektionen: Diejenigen, die die Schulpolitik verwalten, haben den größten Einfluss auf Reformen. Sie gestalten die Rahmenbedingungen und Vorgaben für Schulen.

Die Einzelschule: Die einzelnen Bildungseinrichtungen sind autonom und können eigene Regeln zur Inklusion, zur Sprachnutzung oder zur sozialen Teilhabe aufstellen.

Die Lehrpersonen: Bildungsgerechtigkeit betrifft die direkte Handlungspraxis der Lehrkräfte.

Die Eltern: Bildungsgerechtigkeit ist herkunftsabhängig, daher haben die Eltern eine Verantwortung.

Das Kind: Bildungsgerechtigkeit setzt am individuellen Kind und dessen Leistungsbereitschaft an. Bildungserfolg ist von vielen individuellen Merkmalen abhängig.

4.3 Zwei Thesen zu Bildungsgerechtigkeit

Grundsätzlich können zwei Thesen zu Bildungsgerechtigkeit aufgestellt werden: Erstens sind Bildungschancen herkunftsbedingt vererbt (*Habitusansatz*) und zweitens sind Bildungschancen durch Leistung beeinflussbar (*meritokratischer Ansatz*).

Der ersten These folgend, sind gleiche Startbedingungen für alle Kinder zu Beginn ihrer Schullaufbahn nicht einfach gegeben, denn diese sind von der Herkunft des Kindes, dem Bildungsstand der Eltern oder Erziehungsberechtigten und den sozio-ökonomischen Bedingungen abhängig.

> „Von Geburt an sind die Voraussetzungen ungleich verteilt, sie unterscheiden sich nach Besitzständen, sozialen und kulturellen Bevorzugungen. (…) Hier sehen wir, dass auch in den entwickelten Gesellschaften (…) längst nicht gerechte Verhältnisse vorherrschen, die mit der Inklusion gefordert werden müssen." (Reich 2012)

Die Stärke des Einflusses des Elternhauses ist besonders zu Beginn der Schullaufbahn hoch, nimmt jedoch mit dem Alter des Kindes tendenziell ab. Dies führt zu einer Ungleichverteilung der Kapitalsorten (Bourdieu 1997): sowohl ökonomisches als auch soziales und kulturelles Kapital sind von Beginn an ungleich verteilt. Das bedeutet beispielsweise, dass soziale Netzwerke oder Kontakte nicht allen Schüler*innen im gleichen Maße zur Verfügung stehen. Sucht ein Jugendlicher etwa einen Praktikumsplatz, so können bestimmte Elternhäuser hierzu ihre sozialen Netzwerke nutzen, während andere diese Chancen nicht haben. In der Folge kann es dieser ersten These zufolge keine Bildungsgerechtigkeit, sondern nur *Teilhabegerechtigkeit* geben (Lindmeier & Lindmeier 2012, S. 121), d.h. eine Angleichung der Verwirklichungschancen (*capabilities*) (basierend auf Ideen von Amartya Sen und Martha Nussbaum). Teilhabegerechtigkeit soll für alle Lernenden möglichst angemessene Bildungsresultate erzeugen. Das Ziel: die Erreichung einer gewissen Schwelle, sodass alle *gut genug* gebildet sind, um als vollwertige Mitglieder der Gesellschaft handeln zu können.

> „Auch über die Schulzeit hinaus ist die Beteiligung an beruflichen oder akademischen Ausbildungen von den Bedingungen in der Herkunftsfamilie geprägt. Der Prozess des Bildungserwerbs kann sich dabei über zwei bis drei Lebensjahrzehnte erstrecken. Am Ende wird ein bestimmter Bildungsabschluss erreicht, welcher dann das Resultat sich kumulierender Auswahlprozesse an den vorangegangenen Übergängen ist, wobei der Einfluss der Herkunftsfamilie in den verschiedenen Phasen der Bildungslaufbahn unterschiedlich ausgeprägt sein kann." (Hillmert & Jacob 2005, S. 416)

Chancengerechtigkeit herzustellen ist eine enorme Herausforderung im Bildungssystem und muss – um die ideologische Ebene zu verlassen – handlungspraktisch mit gezielten Fördermaßnahmen einhergehen.

Die zweite These besagt, dass sozialer Aufstieg durch Leistung möglich gemacht werden kann (Nollmann 2004). Alle Lernenden haben die möglichst gleichen Startbedingungen in der Schule basierend auf John Rawls Gerechtigkeitstheorie. In einem meritokratischen System werden „(...) Aufstiegs- und Erfolgschancen innerhalb eines gegliederten Schulsystems an diejenigen Personen vergeben (...), die es aufgrund ihrer Leistungen am meisten verdienen." (Lindmeier & Lindmeier 2012). Neben individuellen Leistungen, Fähigkeiten und Kompetenzen und der Unterstützungsbereitschaft der Herkunftsfamilie erwähnen Brake und Büchner (2012) insbesondere den Aspekt der Übergangsempfehlungen von Lehrkräften an Bildungsübergängen als wesentliches Element von Bildungsgerechtigkeit. Ob diese Chancen genutzt werden, basiert auf den Bildungsentscheidungen und dem freien Willen der Schüler*innen und ihrer Elternhäuser. Kinder, die leistungsstark und leistungswillig sind und am längsten im Bildungssystem verweilen, haben die besten Chancen, voranzukommen. Die Leistung entscheidet, nicht (ausschließlich) das Elternhaus. Leistungsgerechtigkeit soll die soziale Ungleichheit ausgleichen etwa durch Nachteilsausgleich oder positive Diskriminierung. Noten wirken auf den ersten Blick als faires Mittel zur Herstellung von Bildungsgerechtigkeit, denn sie hängen zur Gänze von der Leistung der Person ab. Allerdings besitzen auch sie ungleichheitsproduzierende Eigenschaften, etwa indem sie vergangene Leistungen aus vorangegangenen Bildungsinstitutionen miteinbeziehen und mehrdimensional zustande kommen (im Vergleich zum Klassenverband oder sogar als gemeinsame Gruppennote).

Noten sind zudem durch die Lehrperson subjektiv gefärbt und somit Zugangs- und Ausschlusskriterium. Das Thema der Anerkennungsgerechtigkeit wird in Kapitel 6 diskutiert.

Leseübung: Je nachdem, wie fortgeschritten die Lernenden sind, können Texte oder Textausschnitte einiger Klassiker der Bildungsgerechtigkeit gemeinsam gelesen werden. Folgende Werke sind thematisch empfehlenswert: *Die Idee der Gerechtigkeit* – von Amartya Sen (2. Auflage, 2020); *Gerechtigkeit oder das gute Leben* – von Martha Nussbaum (1. Auflage, 1998); *Pädagogik der Vielfalt* – von Annedore Prengel (4. Auflage, 2019)

Bildungsgerechtigkeit setzt sich – wie gezeigt – aus unterschiedlichen herkunftsabhängigen Faktoren, der schulischen Leistung sowie weiteren, nichtbildungsbezogenen Faktoren (z.B. Wohnort als Basis für die Schulauswahl) und sonstigen Kriterien zusammen (z.B. Geschwister an der Schule, persönlicher Eindruck) (Sackmann 2015). Wenngleich sich das Kriterium des Wohnortes auf den ersten Blick als recht neutrales Selektionsmittel darstellt, so zeigt sich, dass privilegierte Familien eher aus Vororten wegziehen oder sich städtische Wohnungen leisten können als andere. Hinzu kommen sonstige Kriterien, die zu Bevorzugung im Bildungssystem führen können, wie finanzielle Lage der Eltern, Geschwister an derselben Schule oder der persönliche Eindruck.

4.4 Fokus: Sprache und Bildungsgerechtigkeit

Wie bereits dargelegt, sind die soziale Herkunft eines Kindes sowie die Beherrschung der Bildungssprache wesentliche Aspekte der Bildungs- und Teilhabegerechtigkeit. In diesem Kapitel liegt der Fokus auf dem Thema Sprache als Element der Bildungsgerechtigkeit.

In Deutschland, Österreich und der deutschsprachigen Schweiz stellt Deutsch die Grundlage für eine aktive Teilhabe an schulischen Bildungsprozessen dar. Deutsch ist unabdingbar zur Erschließung der unmittelbaren Lebenswelt der Schüler*innen. Dabei herrscht im Bildungssystem eine idealtypische Vorstellung der Bildungssprache als Nationalsprache vor – ein Mythos des kulturellen Zusammenhalts durch Sprache sowie der Einheit von Staat und Sprache (Greil 2016). Die Annahme besteht darin, dass der wesentliche Teil der Gesellschaft sein Leben einsprachig organisiert. Die soziale und sprachliche Realität der Schüler*innen sieht allerdings anders aus: So sprechen mehr als zwei Drittel der Schüler*innen der vierten Schulstufe in Österreich zu Hause außer Deutsch noch eine weitere Sprache. Die meisten mehrsprachigen Kinder besuchen eine Mittelschule, verhältnismäßig viele eine Sonderschule und verhältnismäßig wenige dann in weiterer Folge eine Hochschule. Schlussfolgernd ist eine umfangreiche Sprachenvielfalt unter den Angehörigen der „lebensweltlich Zweisprachigen“ zu finden (Gogolin 1994), was die Komplexität sprachlicher Voraussetzungen an Schulen deutlich erhöht. Die vorherrschend monolingual und defizitorientierte Perspektive auf migrationsbedingt mehrsprachige Schüler*innen muss in der Diskussion um Bildungsgerechtigkeit Berücksichtigung finden. Dies ist im monolingual geprägten Schulsystem leider nicht der Fall, in dem Deutsch*defizite* viel mehr im Fokus stehen als die Anerkennung der Mehrsprachigkeit als *Ressource* eines Kindes (Resch & Erling 2023). Oksaar (2003, S. 31) definiert Mehrsprachigkeit als die Fähigkeit eines Individuums, zwei oder mehr Sprachen als Kommunikationsmittel zu verwenden und ohne Weiteres von der einen Sprache in die andere zu wechseln. In der Kommunikation mit einsprachigen Personen wird von mehrsprachigen Schüler*innen oftmals vorausgesetzt, dass ein getrennter Gebrauch von Sprachen gelernt und geübt worden ist, obwohl dies nicht der sozialen und sprachlichen Realität von mehrsprachigen Schüler*innen entspricht. Diese beitreiben im Alltag oft Code-Switching (Auer 2003), indem sie ihre unterschiedlichen Sprachen bezogen auf die dialogischen Erfordernisse und die Ziele der Situation oder des Gesprächs frei wählen.

Sprache und Bildungsgerechtigkeit stehen in engem Zusammenhang zueinander. Sprache ist „mächtig, kann verletzten, Bilder über Gruppen und Rollen von Personen festschreiben, Menschen auf- oder abwerten und Ausschlüsse transportierten.“ (Foitzik et al. 2019, S. 47). Schüler*innen mit Migrationshintergrund finden oftmals aufgrund sprachlicher Voraussetzungen andere Startbedingungen vor als Mitschüler*innen, die zu Diskriminierung führen können (Kapitel 5). Der Migrationshintergrund gilt explizit und implizit als Kategorie, mit der die Bildungsungerechtigkeit von Kindern und ihre Förderbedürftigkeit erklärt werden kann (Bjegac 2020). Dieser wird mit anderen sozialen Positionierungen in Verbindung gebracht, wie etwa einem niedrigen sozio-ökonomischen Status oder allgemeiner Bildungsferne, was das Risiko der Mehrfachdiskriminierung erhöht (Gummich 2015). Migration gehört jedoch mittlerweile zur Normalität in den Lebensläufen vieler Menschen (Treibel 2011). Dabei müssen verschiedene Formen der Migration unterschieden werden: Binnenwanderung – temporäre Wanderung (z.B. Saisonarbeit) – freiwillige und erzwungene Wanderung – Einzelwanderung und Gruppenwanderung – Flucht. Wie bereits erläutert, spielen intersektionale Ungleichheiten eine Rolle bei der Herstellung von Chancengerechtigkeit im Bildungssystem:

> „Unter gut ausgebildeten und einkommensstarken Familien spielt es kaum eine Rolle, ob die Eltern aus einem anderen Land eingewandert sind, und ob zuhause auch eine andere

Sprache als Deutsch gesprochen wird – bei abstiegsgefährdeten oder von Armut bedrohten Familien jedoch schon.“ (Herzog-Punzenberger 2017, S. 11).

Gruppenarbeiten: Um vertiefendes Wissen zu Bildungsgerechtigkeit aufzubauen, werden die Schüler*innen oder Studierenden in Kleingruppen von drei bis vier Personen aufgeteilt und erhalten jeweils eine Diskussionsaufgabe pro Gruppe. Die Fragen müssen auf die jeweilige Lerngruppe zugeschnitten und adaptiert werden. Danach haben sie 15 Minuten (für Schüler*innen) oder 30 Minuten (für Studierende) Zeit, um die Frage zu beantworten und ihre Antworten und Recherchen auf einem Flipchart zu notieren.

Auswahl für die Gruppenarbeiten:

- Was ist die zentrale Idee des *Nachteilsausgleichs*? Überlegen Sie ein Ihnen bekanntes Beispiel dafür. Wie trägt der Nachteilsausgleich zur Bildungsgerechtigkeit bei?
- Formale Bildungsgerechtigkeit: Recherchieren Sie, seit wann Gebärdensprache in Deutschland, Österreich oder der Schweiz als Bildungssprache anerkannt ist und wie es dazu kam.
- Sprache und Bildungsgerechtigkeit: Sammeln Sie alle Erfahrungen der Gruppenmitglieder mit dem monolingualen deutschsprachigen Schulsystem in einer Spalte und der Nutzung von Mehrsprachigkeit in der Schule in der anderen Spalte. Vergleichen Sie das Ergebnis.
- Gibt es digitale Bildungsgerechtigkeit? Wenn Sie an die Zeit der COVID-19-Pandemie zurückdenken, gibt es in Zeiten des Homeschoolings bzw. digitalen Lernens Chancengerechtigkeit für Menschen mit Behinderungen oder Migrationshintergrund? Warum oder warum nicht? Beziehen Sie die folgenden Aussagen in Ihre Überlegungen mit ein: Wissen ist für alle verfügbar. Alle Schüler*innen haben denselben Zugang zu Materialien. Digitale Kompetenzen sind erlernbar. Jede Person hat heutzutage ein eigenes Handy. Digitales Lernen macht Freude. Eltern können sich an digitalem Lernen gut beteiligen.
- Lesen Sie das folgende kurze Fallbeispiel: „Ein gemäß IQ-Test als hochbegabt eingestufter Schüler fühlt sich durch die schulische Integration eines Kindes mit der Diagnose Autismus in seiner Klasse gestört und in seinem Lernprozess behindert. Die Eltern des hochbegabten Kindes sind der Meinung, dass ihr Kind durch diesen Schüler am eigenen Fortkommen gehindert wird, und verlangen von der Schule, dass der Schüler mit Autismus in einer anderen Klasse beschult wird.“ (Giesinger 2022, adaptiert). Diskutieren Sie, welche Bedingungen hier zu Bildungsungerechtigkeit führen. Welche Möglichkeiten gäbe es in diesem Fall, Bildungsgerechtigkeit (wieder)herzustellen?

4.5 Fallbeispiel „Explizit mit dem Buben geübt habe ich nicht“

Das folgende Fallbeispiel stammt aus einem Interview mit einer Lehrerin einer österreichischen Volksschule, die seit einem Jahr eine Deutschförderklasse unterrichtet. Sie hat keine Ausbildung dazu erhalten und studiert selbst noch. Die Auswirkungen der COVID-19-Pandemie auf die Bildungsgerechtigkeit von mehrsprachigen Kindern beschreibt sie eindrücklich. Angesprochen darauf, ob es mittel- oder langfristige Nachteile für Schüler*innen in Deutschförderklassen während der Pandemie gibt, sagt die Lehrerin, dass deutliche Sprachdefizite bei den Schüler*innen festzumachen sind, weil die Unterrichtszeit fehlte. Dies deckt sich mit Erkenntnissen bisheriger Forschungsergebnisse (Gitschthaler et al. 2022), die gezeigt haben, dass die Möglichkeit, während der zweiten COVID-bedingten Schulschließung in die Schule zurückzukehren, den Schaden für den Deutscherwerb womöglich verringert hat, aber nicht alle Schüler*innen – aus einer Reihe von (gesundheitlichen) Gründen – in die Schule zurückkehren konnten. Im Folgenden zeige ich einen längeren Ausschnitt aus dem Interview mit der Lehrerin, anhand dessen Fragen der Sprache und Bildungsgerechtigkeit diskutiert werden können:

Interviewende: „Und wie war die Situation bei den Kindern, die zuhause, also nicht im Präsenzunterricht waren?

Lehrerin: Das war nur ein einziger und der hat einfach die Sachen gemacht, die halt die anderen Kinder auch gemacht haben. Aber wir haben eben nichts extra gemacht online mit den Kindern, weil eben fast alle da waren. Und ja, für ein Kind dann extra noch was aufzunehmen- also ich meine es war natürlich schon so zum Beispiel Wortschatz, Videos drauf oder Lieder oder so Sachen, die thematisch gepasst haben. Aber explizit mit dem einen Buben da was geübt habe ich nicht. Nein.

Interviewende: Wie haben Sie mit diesem Buben kommuniziert?

Lehrerin: Das hat die Klassenlehrerin ganz normal gemacht wie mit den anderen Kindern zuhause. Weil da hat halt einfach die Mutter darauf bestanden, dass er zuhause bleibt, und das hat es halt- ja. Sie wollte halt partout nicht, dass er kommt und von dem her war es alles ein bisschen schwierig und er war dann halt auch bei den ganzen Zoom-Meetings, die die Klassenlehrerin gemacht hat, auch nicht dabei oder nur teilweise, also- ja.

Interviewende: Okay in dem Fall bestand dann also die Herausforderung alleine schon darin, ihn zu erreichen?

Lehrerin: Ja beziehungsweise, weil die Mutter eben auch recht schwer Deutsch spricht, das auch ihr verständlich zu machen, was er denn eigentlich zu tun hat. Ich meine, er ist grundsätzlich so- er hat einen SPF [Anm.: sonderpädagogischen Förderbedarf] auch noch, also das heißt er hat schon eine Lernschwäche und das macht es halt noch viel schwieriger. Aber zum Selbermachen war ja viel mit Buchstabenerwerb, mit selber schreiben und so und das geht halt alleine dann doch. Also es war jetzt nicht so schlimm. Aber er hat jetzt natürlich, was den Wortschatz angeht, und so, hat er halt jetzt natürlich schon den anderen gegenüber ein bisschen einen Nachteil. Das- ja." (Interview, Zeile154-176)

Das Fallbeispiel, das bei Resch und Erling (2023, S. 228) nachzulesen ist, zeigt, dass die meisten Schüler*innen in den Deutschförderklassen trotz Schulschließungen während des zweiten Lockdowns am Präsenzunterricht teilnahmen, was während des ersten Lockdowns nicht der Fall war. Während die Entscheidung, mehrsprachige Schüler*innen wieder in die Schule zu bringen, für viele von Vorteil war, erhielten andere, mehrsprachige Schüler*innen, die weiterhin zu Hause geblieben sind, weniger Unterstützung von ihren Lehrpersonen, weil das Bildungssystem nicht auf individuelle Hilfestellung ausgerichtet war.

4.6 Diskussion des Fallbeispiels

Die Lehrerin gibt zu Beginn des Gesprächs an, dass nur ein Schüler im Homeschooling war: *„Das war nur ein einziger"*. Der Schüler spricht nicht ausreichend Deutsch und ist aus diesem Grund einer Deutschförderklasse zugeordnet (und damit nicht Teil der Stammklasse). Durch das (teilweise) Aussetzen der Deutschförderklassen entstand eine pädagogische Verantwortungsdiffusion für den besagten Schüler: Die Lehrerin der Deutschförderklasse erklärt, dass die Lehrerin der Stammklasse für die Kommunikation verantwortlich war: *„Das hat die Klassenlehrerin ganz normal gemacht wie mit den anderen Kindern zuhause."* Allerdings zeigt sich, dass eine vollständige Integration in die Lernabläufe der Stammklasse für den Schüler im Homeschooling nicht stattgefunden hat: *„Es [war] alles ein bisschen schwierig und er war dann halt auch bei den ganzen Zoom-Meetings, die die Klassenlehrerin gemacht hat, auch nicht dabei oder nur teilweise."* Der Schüler wurde im pandemiebedingten Stress einfach vergessen, was dazu geführt hat, dass er – wie auch andere – beim Erlernen der deutschen Sprache und der Lerninhalte des Unterrichtsjahres zurückgefallen ist. Lehrkräfte waren gezwungen, ihre Aufmerksamkeit zu reduzieren und konnten nicht mehr im selben professionellen Maß wie davor auf mehrdeutige und komplexe Situationen von Schüler*innen eingehen.

Die Komplexität der Situation des besagten Schülers ergibt sich durch eine diagnostizierte Lernschwäche und einem sonderpädagogischen Förderbedarf – zusätzlich zu den fehlenden Deutschkenntnissen. Die Lehrerin erkennt diese Intersektionalität von Bildungsungerechtigkeiten zwar, handelt aber dennoch nicht differenziert oder hat die entsprechenden Ressourcen nicht, um einen Förderplan aufzustellen. Die Lehrerin betont, dass der Schüler Leistung bringen soll, aber *„wir haben eben nichts extra gemacht online* *mit den Kindern.“* Obwohl seine Lernschwäche bekannt war, bietet sie ihm keine pädagogische Hilfestellung an. Zudem zeigt das Fallbeispiel die Wichtigkeit von Kinderrechten auf (Abschnitt 2.3). Das Bundesverfassungsgesetz über die Rechte von Kindern sagt im Artikel 4, dass jedes Kind das Recht auf eine angemessene Beteiligung hat. Anhand des Fallbeispiels muss in Frage gestellt werden, ob diese Beteiligung während des ersten und zweiten Lockdowns gegeben war. Der Schüler wurde aus den schulischen Bildungsprozessen in zweierlei Hinsicht exkludiert, indem weder die Lehrerin der Stammklasse noch die Lehrerin der Deutschförderklasse auf seine sprachlichen Bedürfnisse sowie seine Lernschwäche eingegangen sind. Bildungsgerechtigkeit funktioniert jedoch nicht ohne Solidarität (Zwick & Owandner 2017, S. 13):

> „Wir müssen eine neue Mentalität schaffen, die in den Begriffen der Gemeinschaft denkt; die nicht zulässt, dass einige wenige alles besitzen, sondern dem Leben aller und jedes Einzelnen oberste Priorität einräumt.“

Solidarität im Sinne einer aktiven Kooperation zwischen den Lehrerinnen sowie den Mitschüler*innen des Jungen hätte zu einem ermöglichenden Faktor für Bildungsgerechtigkeit werden können.

Am Beispiel zeigt sich einerseits die Überforderung der Lehrerin und andererseits auch ihr pädagogischer Ethos, einen aufgrund von Sprache und Behinderung benachteiligten Schüler undifferenziert und ohne pädagogische Hilfestellung im Homeschooling sich selbst zu überlassen. Im Sinne einer advokatorischen Ethik hat sich niemand (pädagogisch und sozial) für den Schüler eingesetzt (Brumlik 2013; Feuser 2011). Am Ende räumt die Lehrerin ein, *„er [hat] halt jetzt natürlich schon den anderen gegenüber ein bisschen einen Nachteil.“* Bei dem besagten Schüler besteht ein hohes Risiko, dass er die Klasse wiederholen muss oder dass sich, sobald der Schüler die Volksschule verlässt, bestimmte Bildungsnachteile bereits in frühen Lebensjahren auf seinen Bildungsweg auswirken.

Empfehlenswert wäre in diesem Fall ein pädagogisches Gespräch zwischen Eltern, Kind und Lehrpersonen, um einen gezielten Förderplan zu entwickeln und diesen während und nach der COVID-19-Pandemie gemeinsam umzusetzen. Zudem könnte Peer-Unterstützung für den Schüler eine Möglichkeit des Nachteilsausgleichs sein.

4.7 Fazit: Lösungsansätze zur Förderung von Bildungsgerechtigkeit

Die aufgezeigten Bildungsungerechtigkeiten weisen auf eine Vielfalt an möglichen Gegenmaßnahmen hin: Dazu zählen die interkulturelle Öffnung der Schulen, die Investition in sprachliche Bildung (vor allem in Großstädten und Ballungsräumen) und mehrsprachige Curricula. Zudem wird deutlich, dass sich die Lehrer*innenbildung in Hinblick auf Mehrsprachigkeit professionalisieren muss und dass mehrsprachiges Personal an Schulen mehr denn je gefragt wäre. Lehrpersonen mit Behinderungen oder Migrations- und Fluchthintergrund wären wichtige berufliche und sprachliche Vorbilder für Kinder. Bedeutsam wäre außerdem eine (mutter)sprachliche Förderung der Schüler*innen außerhalb des Unterrichts. Zudem würden alle Maßnahmen einer diskriminierungsfreien Schule sowie einer Pädagogik der Vielfalt helfen, Bildungsungerechtigkeiten abzubauen (Prengel 2019; 2022) (Abschnitt 5.5). Zum Abbau systemischer Bildungsungerechtigkeiten schlägt Herzog-Punzenberger (2017) etwa ein Kontingent an Plätzen für Kinder aus sozioökonomisch schwachen Familien für Privatschulen vor, die durch Steuergeld (mit)finanziert werden oder das Einzugsgebiet der Schulsprengel so zu wählen, dass es zu einer gleichmäßigen sozialen Durchmischung der Kinder in einer Schule kommt.

Konkrete Maßnahmen des Nachteilsausgleichs, zum Beispiel Kommunikationshilfen bei Sinnes- und Sprachbeeinträchtigungen (Art. 24) oder Brailleschrift, alternative Schrift und den Ausbau der Gebärdensprache können ebenso forciert werden, um Inklusion und Bildungsgerechtigkeit zu fördern. Weitere konkrete Maßnahmen des Nachteilsausgleichs könnten der Einsatz von helfenden Betreuungspersonen bei Schüler*innen mit Behinderungen sein, der Einsatz von mehrsprachigen Aufgaben im Unterricht oder die Anpassung der Vorbereitungszeit bei Tests und Prüfungen (z.B. für Kinder mit Lernschwierigkeiten).

Die Frage, was schulisches Wohlbefinden konstituiert und wie Schüler*innen Resilienz aufbauen können, beschäftigt die Resilienzforschung und die Pädagogik (Allabauer 2021; Wustmann 2005). Resilienz wird als die Widerstandsfähigkeit verstanden, mit belastenden Lebensumständen wie traumatischen Erfahrungen, Misserfolgen oder Ungerechtigkeiten und negativen Folgen von Stress umgehen zu können – Fähigkeiten, die gerade in der COVID-19-Pandemie schlagend geworden sind.

Sechs Säulen der Resilienz (adaptiert nach Mai 2020) sind:

- *Selbstbewusstsein*: Resiliente Schüler*innen glauben an sich. Anstatt zu resignieren, werden sie (pro)aktiv, etwa wenn sie eine schlechte Note bekommen haben. Aufgrund ihres ausgeprägten Selbstvertrauens gewinnen sie oft noch das Vertrauen und die Bewunderung anderer.
- *Kontaktfreude:* Widrigkeiten und Ungerechtigkeiten lösen resiliente Schüler*innen gemeinsam mit anderen, indem sie aktiv Partner*innen suchen, die einfühlend sind und stärkenorientiert denken.
- *Gefühlsstabilität*: Resiliente Schüler*innen steuern die eigene Gefühlswelt derart, dass sie hohe Belastungen nicht als Stress, sondern als Herausforderung empfinden. So können sie kurz darauf wieder voll agieren.
- *Optimismus:* Resiliente Schüler*innen verallgemeinern bei einer Niederlage nichts. Ihr Motto lautet nicht: Das schaffe ich nie, sondern sie sagen sich, dass sie es das nächste Mal schaffen werden. Widerstandsfähige Schüler*innen akzeptieren die Situation wie sie ist, blicken aber weiterhin zuversichtlich in die Zukunft. So bleibt eine Krise ein zeitlich begrenztes Ereignis, aus dem man sich selbst herausführen kann.
- *Realismus:* Resilienz bedeutet, sich realistische Ziele zu setzen. So können Schüler*innen von temporären Wendepunkten oder Niederlagen nicht aus dem Gleichgewicht geworfen werden. Resiliente Schüler*innen sehen Ungerechtigkeiten, z.B. bei der Benotung einer Aufgabe, nicht durch eine rosarote Brille, vielmehr gehen konstruktiv damit um.
- *Analysestärke:* Resiliente Schüler*innen sind imstande, eingefahrene Denkpfade zu verlassen. Sie können die Ursachen eines negativen Erlebnisses genau identifizieren und analysieren. Das hilft dabei, alternative und bessere Lösungen zu erkennen.

Gerade Lehrpersonen benötigen die genannten Widerstandsressourcen, um eigene Belastungen zu bewältigen und der Aufgabe nachzukommen, die Resilienz ihrer Schüler*innen zu fördern (Allabauer 2021).

Abschließend müssen auch bildungspolitische Forderungen zum Abbau struktureller Ungerechtigkeiten formuliert werden: Die Selektion des Schultyps erst ab dem Alter von 14 statt von zehn Jahren wäre ein erster wichtiger Schritt zur Bildungsgerechtigkeit am Vorbild skandinavischer Länder (Lindmeier & Lindmeier 2012). Zudem wäre das von Vertreter*innen der inklusiven Schule bereits lange geforderte Auslaufen des Modells Sonderschule zu befürworten – langsam, Jahr für Jahr – um einen parallelen Ausbau des inklusiven Unterstützungssystems an Regelschulen zu gewährleisten. Ein weiterer Punkt ist die Förderung der Mehrsprachigkeit, d.h. Möglichkeit zur Wahl weiterer Sprachen in der Schule und die Förderung der Erstsprache der Kinder als Ressource. Ein Fremdsprachenerwerb kann erst sichergestellt werden, nachdem der Erst- und Zweitsprachenerwerb abgesichert ist. Zu erarbeiten wäre außerdem die Ermöglichung einer längeren Schulpflicht für Jugendliche mit Behinderungen, die über die Pflichtschule hinaus bis 18 Jahre in der Schule lernen wollen.

Einer Person im Bildungskontext gerecht zu werden, bedeutet mehr als eine Balance zwischen dem Spannungsverhältnis ‚Jedem das Seine' (*Verteilungsgerechtigkeit*) und ‚Allen das Gleiche' (*Teilhabegerechtigkeit*) herzustellen. Sowohl die Nutzung von Bildungschancen und -gelegenheiten als auch der Erwerb von Teilhabefähigkeiten sind an Inklusion geknüpft (Lindmeier 2018).

Teil III
Die pädagogische Praxis

5 Inklusion und Anti-Diskriminierung

Aktivierung: Beginnen Sie den Unterricht zu Inklusion und Anti-Diskriminierung mit einer aktivierenden Aufgabe. Sie können je nach Vorwissen der Lernenden zwischen drei aktivierenden Übungen wählen:

(1) Diskutieren Sie mit den Lernenden den *Unterschied zwischen Vorurteilen und Diskriminierung*. Schreiben Sie beide Begriffe in zwei getrennten Spalten auf die Tafel und regen Sie eine Diskussion über die Unterschiede an. Beispielsweise sind Vorurteile voreilige, nicht-überprüfte Meinungen und Einstellungen gegenüber anderen Menschen, während Diskriminierung auch negatives Verhalten aufgrund dieser Einstellungen beinhaltet. Zudem kann Diskriminierung rechtliche Folgen haben, Vorurteile per se nicht.

(2) Wenn Sie mit bereits berufstätigen Lehrpersonen arbeiten, dann stellen Sie folgende Einstiegsfrage für diese Unterrichtseinheit: Wer arbeitet an einer sogenannten „*Brennpunktschule*"? Woran machen Sie das fest? Die Lehrpersonen müssten dann über die Heterogenität der Schüler*innenschaft, des Quartiers oder Wohnumfelds oder über Unterschiede in der sozialen Herkunft oder der Migrationsgeschichte der Schüler*innen erzählen. Danach können Sie zur Frage überleiten, wie andere darauf reagieren, wenn man an einer Brennpunktschule unterrichtet, etwa Eltern oder Bekannte. Dies könnte erste Ansatzpunkte über institutionelle Diskriminierung in die Diskussion einbringen.

(3) Sehen Sie sich ein *Video über Ableismus* aus Sicht einer Betroffenen im Rollstuhl an: https://www.youtube.com/watch?v=8It_PBSa1Rk Diskutieren Sie im Anschluss, worum es im Video geht und welche Fähigkeiten die Person hat bzw. welche ihr abgesprochen werden. Danach können Sie auf die verschiedenen Formen der Diskriminierung eingehen.

5.1 Einleitung und wichtige Formen der Diskriminierung

Diskriminierung bedeutet, eine Person oder eine soziale Gruppe aufgrund ihrer Andersartigkeit auszugrenzen. Fast jede*r hat Vorurteile, d.h. eine verzerrte Wahrnehmung, gegenüber bestimmten Personen(gruppen) aufgrund eines Merkmals dieser Gruppe oder der sozialen Gruppenzugehörigkeit der

Person (z.B. Roma und Sinti). Meist trifft dies auf Personengruppen zu, zu denen keine biografische Nähe besteht. Angst, Fremdheitsgefühle (*Othering*) oder Vorurteile führen zu „unnötiger Diskriminierung“, die meist mit einer Andersbehandlung dieser Personen einhergehen. Dennoch gilt, wie bereits in Abschnitt 2.2 festgestellt, ein Diskriminierungsverbot (seit 2005 z.B. das Bundes-Gleichbehandlungsgesetz in Österreich). Auch die Kinderrechte schützen vor Misshandlung und legen ein Recht auf Gleichheit fest. Die UN-Kinderrechtskonvention definiert in Artikel 8 das Recht auf Gleichheit als folgendes Recht:

> „Jedes Kind hat das Recht auf alle Rechte, egal wo es lebt, wo es herkommt, welche Hautfarbe oder Religion es hat, welche Sprache es spricht, ob es ein Bub oder Mädchen ist, ob es eine Behinderung hat und ob es arm oder reich ist” (UNICEF 2022).

Diskriminierung im eigenen Lebensverlauf zu erfahren, hat negative Auswirkungen auf die Identität. Goffman (1975) nennt dies „beschädigte Identität“ oder „Stigma“. Als Stigma wird ein Attribut mit stark diskreditierender Wirkung verstanden, das sich negativ auf die Identitätsbildung von Schüler*innen auswirken kann.

> „Als Strukturmerkmal der Stigmatisierung beschreibt Goffman, dass das diskreditierende Merkmal sich der Aufmerksamkeit aufdrängt und bewirkt, dass man sich von dem betreffenden Individuum abwendet, ihm Respekt und Anerkennung versagt und seine Lebenschancen damit wirksam einschränkt.“ (Rehaag 2010, S. 1).

Diskriminierung kann Goffman (1975) zufolge aufgrund sichtbarer Zeichen des Andersseins erfolgen, etwa, wenn man eine Prothese oder einen Helm trägt (Abschnitt 2.5) oder eine nicht der Mehrheit entsprechende Hautfarbe hat. Diese sichtbaren Zeichen der Abweichung von der gesellschaftlichen Norm bezeichnet er als körperliche Stigmata (*Verkörperungsansatz*), d.h. eine dauerhaft abweichende Eigenschaft eines Subjekts im Vergleich zur Norm. Dem dadurch kategorisierten Subjekt wird in der sozialen Interaktion etwas abgesprochen, etwa wenn Schüler*innen mit Behinderungen das Recht auf Bildung oder Teilhabe abgesprochen wird, was unweigerlich zu Stigmatisierung führt und dazu, dass diese Schüler*innen vom System „behindert werden“ (Reisenauer & Gerhartz-Reiter 2020, S. 242). Verkörperungen sind immer und ausnahmslos sozial konstruiert.

Es lassen sich *sieben Formen der Diskriminierung* aufgrund subjektbezogener Merkmale festmachen (Czollek et al. 2012):

- *Antisemitismus und Antiziganismus:* Diese Formen der Diskriminierung richten sich gegen Angehörige des jüdischen Volkes bzw. der jüdischen Religion und gegen Angehörige der Roma und Sinti, die auf Ablehnung oder Ausgrenzung stoßen.
- *Rassismus:* Rassismus gilt als eine Form der Diskriminierung von Menschen aufgrund ihrer Hautfarbe, ihre Herkunft oder ihrer Sprache.

- *Sexismus:* Sexismus bezeichnet alle Formen der Diskriminierung aufgrund des Geschlechts und orientiert sich an der heterosexuellen Norm.
- *Klassismus:* Klassismus bezeichnet Vorurteile gegenüber Menschen, die (sozio)ökonomisch schlechter gestellt sind, beispielsweise Personen aus der Arbeiter*innenschicht, Bewohner*innen von Sozialbauten oder Gemeindebauten, Personen, die Mindestsicherung oder Grundsicherung erhalten oder an bzw. unterhalb der Armutsgrenze leben.
- *Altersdiskriminierung:* Diese Form der Diskriminierung erfolgt aufgrund des Alters eine Person, etwa wenn ältere Personen als „anstrengend" abgewertet werden.
- *Lookismus:* Lookismus reduziert eine Person auf ihr Aussehen, ihren Körper oder ihre Kleidung.
- *Ableismus:* Diese Form der Diskriminierung betrifft Menschen mit Behinderungen in Bezug auf ihre Verhaltensmöglichkeiten und Fähigkeiten. Ableismus gilt als behindertenfeindliche Haltung, in der Menschen mit und ohne Behinderung an einer gesellschaftlichen Norm gemessen und vergleichen werden (z.B. Leistungsnormen oder Körpernormen). Der Mensch mit einer Behinderung gilt als Nichterfüller*in der gestellten Normalitätsanforderungen.

Festzuhalten ist an dieser Stelle, dass die genannten sieben Formen der Diskriminierung als Unterdrückungsformen verstanden werden, die sich mit den jeweils anderen Formen überschneiden können (*Intersektionalität*) (Dierckx et al. 2018; Winker & Degele 2010). Dies trifft etwa auf homosexuelle Schülerinnen aus der Arbeiterschicht (*Schnittstelle Klassismus und Sexismus*) oder auf Schüler mit Behinderungen und Migrationsgeschichte (*Schnittstelle Rassismus und Ableismus*) zu (Gummich 2015; Kemper & Weinbach 2022). Diskriminierung tritt nicht immer in einer Form auf, sondern entspricht einem intersektionellen Grundgeschehen.

Im Bereich der Inklusion ist der Ableismus besonders relevant (Gummich 2015). Er gilt als die hierarchische Bewertung oder Abwertung von Menschen mit Behinderungen anhand angenommener als fehlend zugeschriebener oder tatsächlich fehlender Fähigkeiten (Pfahl 2014). Das englische Wort „able" bedeutet fähig, geeignet, befähigt oder begabt sein.

> „Ableism ist die Beurteilung von Körper und Geist anhand von Fähigkeiten – die Bewertung eines Menschen entscheidet sich dabei danach, was sie oder er „kann" oder „nicht kann". Damit ist auch Ableism eine Form des Biologismus, ein Bewertungsmuster anhand einer erwünschten biologischen (körperlichen oder geistigen) Norm (Hartwig 2020). Der Mensch wird reduziert auf und gemessen an seiner körperlichen oder geistigen Verfassung: Sie bestimmt ihn als ganzen Menschen, „macht ihn aus". In diesem Denken tun behinderte Menschen dann zum Beispiel immer etwas nur „trotz" oder „wegen" ihrer Behinderung." (Maskos 2011).

Wie der Textausschnitt zeigt, liegt der Fokus bei ableistischer Diskriminierung auf den Defiziten einer Person mit einer Behinderung und nicht auf deren Bedürfnissen. Dies begünstigt Exklusion. Allerdings müssen sich viele Schüler*innen und Lehrpersonen mit und ohne Behinderungen den gesellschaftlich konstruierten Leistungs- und Körpernormen stellen, die mit Diskriminierung einhergehen können:

> „Um in der Konkurrenz mithalten zu können ist der funktionierende Körper und Geist von elementarer Bedeutung. Die Erwartungen an Körper und Geist sind hoch, manchmal erbarmungslos, und treten jedem gegenüber, erstmal unabhängig von Alter und Körper." (Maskos 2011).

Bestimmten Schüler*innen werden bestimmte Lernfähigkeiten zugeschrieben, während dies auf andere nicht zutrifft, was zu einer Spaltung der Schüler*innenschaft in „able" | „not able" zur Folge hat: Den einen wird attestiert, dass sie die Leistung erbringen und im Unterricht mitkommen, den anderen, dass sie es nicht schaffen (können). Normalitätsvorstellungen müssen aber permanent kritisch hinterfragt werden (Hartwig 2020). Diskriminierung, Vorurteile, nicht überprüfte Annahmen, nicht-differenzierte Beurteilungen und Verallgemeinerungen sind *Hinder*nisse einer inklusiven Schule und werden so zur Be*hinder*ung.

Übung: Ein wichtiges Lernziel ist die Unterscheidung zwischen drei Formen der Diskriminierung, die im schulischen Alltag vorkommen können. Um zwischen direkter, indirekter und institutioneller Diskriminierung differenzieren zu können, sind konkrete Beispiele hilfreich. Die Beispiele unten sollen in dieser Übung von den Schüler*innen oder Studierenden in Zweiergruppen den drei Begriffen zugeordnet werden (Anhang 3). Die Beispiele können an den jeweiligen Kontext angepasst werden. Danach wird im Plenum eine Diskussion über die Merkmale von direkter, indirekter und institutioneller Diskriminierung angeregt.

Direkte Diskriminierung: Eine 13-jährige muslimische Schülerin mit Kopftuch wird fast jede Woche von ihren Mitschüler*innen belästigt. Manche Mitschüler*innen machen sich außerhalb des Unterrichts, sobald die Lehrperson weg ist, über ihr Kopftuch lustig. Vor Kurzem haben sie sogar versucht, es ihr vom Kopf zu reißen. Die Schülerin war geschockt, konnte es aber noch festgehalten. Die Situation wurde von der Geografielehrerin unterbrochen, die in dem Moment die Klasse betrat.

Indirekte Diskriminierung: In einer zehnten Klasse fragt sich ein bisher als Junge wahrgenommener Schüler immer mehr, ob er*sie sich eher als Transfrau fühlt. In den Gesprächen unter Mitschüler*innen in der Klasse, in der Sexualität oft Thema ist, fühlt er*sie sich zunehmend unwohl und ausgeschlossen, zumal es immer wieder zu homo- und transfeindlichen Bemerkungen kommt (*Sexismus*), die allerdings nicht gegen ihn*sie direkt gerichtet sind. Weder im Unterricht noch bei den Lehrkräften findet sich ein Raum, um über die Probleme zu sprechen. Zudem fürchtet er*sie, dass ein Coming-Out zu negativen Konsequenzen und offenen Beleidigungen führen würde (Foitzik et al. 2019).

Institutionelle Diskriminierung: Ein Lehrer an einer Mittelschule wird von einem Kollegen darauf angesprochen, dass er mit den Schüler*innen nach dem Unterricht Türkisch spreche und das nicht inklusionsfördernd sei. Der Lehrer ärgert sich und beruft sich im Gespräch darauf, dass das sein Bildungsauftrag als Türkischlehrer sei und gibt zu bedenken, dass er vermutlich Zustimmung erfahren hätte, wenn er als Englischlehrer in der Pause mit den Schüler*innen Englisch sprechen würde.

Im Anschluss an die Übung besprechen die Lernenden gemeinsam, welche Merkmale direkte, indirekte und institutionelle Diskriminierung haben:

- *Direkte Diskriminierung:* Direkte Diskriminierung meint die direkte und explizite verbale oder non-verbale Schlechterstellung einer Person, den Angriff oder nachteilige Behandlung von einer Person aus einer vermeintlich anderen sozialen Gruppe als der eigenen oder der Mehrheit. Die 13-jährige muslimische Schülerin mit Kopftuch wird direkt aufgrund ihres Kopftuchs angegriffen *(Rassismus).*
- *Indirekte Diskriminierung:* Bei indirekter Diskriminierung handelt es sich um eine eher subtilere Benachteiligung aufgrund eines Merkmals einer Person. Sie kann sich beispielsweise darin zeigen, dass sich zu Schulbeginn niemand neben einen setzen möchte, obwohl sich die Schüler*innen gar nicht kennen. Der Nachweis einer indirekten Diskriminierung ist nicht einfach, weil oftmals keine Handlung gegen eine Person vorliegt, so wie im Beispiel des Jungen, der sich nun als Mädchen fühlt, aber Angst vor offenen Beleidigungen hat, sobald er*sie sich outet *(Sexismus).*
- *Institutionelle Diskriminierung:* Institutionelle Diskriminierung bezeichnet die Diskriminierung durch Gesetze, strukturelle Vorgaben, das Schulsystem, Sprachfördermodelle, institutionelle Gegebenheiten oder die gesellschaftliche Leistungs- und Gewinnorientierung. Im oben angeführten Beispiel stehen Sprachhierarchien im Zentrum der institutionellen Diskriminierung. Während Englisch als „höherwertige“ Sprache gefördert wird, ist dies für das Türkische nicht der Fall (Dirim & Mecheril 2010).

Bei institutioneller Diskriminierung muss die hohe Abhängigkeit von Menschen mit Behinderungen, armutsgefährdeten und älteren Menschen von gesellschaftlichen oder sozialpolitischen Institutionen berücksichtigt werden. Diese Personengruppen sind häufiger einer intersektionalen Verschränkung von Klassismus, Ableismus und Altersdiskriminierung ausgesetzt als andere. Verschiedene Merkmale führen dann zu stärkeren oder häufigeren Diskriminierungen mit der Gefahr, mehrfach und in verschiedenen Kontexten diskriminiert zu werden (*additive Diskriminierung*) (Scherr 2011). Nachteile zeigen sich zum Beispiel zwischen den Dimensionen Migrationshintergrund und Behinderungen: Gomolla und Radtke (2007) erläutern, wie bei der Einschulung, dem Übergang in die Sekundarstufe sowie beim Verweis in die Sonderschule benachteiligende Entscheidungen für Kinder mit Migrationsgeschichte zustande kommen. An diesen Bildungsübergängen oder biografischen Schlüsselstellen werden häufig verallgemeinernde Zuschreibungen über diese Kinder und Familien nachteilig wirksam, wobei der Anschein von Fairness und pädagogischer Sinnhaftigkeit dennoch gewahrt wird, sodass keine direkte Diskriminierung vorliegt (Benner et al. 2017; Resch & Latzko 2023). So kommt es vor, dass Kinder mit nicht-deutscher Erstsprache aufgrund mangelnder Sprachkenntnisse und nicht ausreichend überprüfter Annahmen über das Herkunftsmilieu von der Einschulung eher zurückgestellt oder in Sonderschulen überwiesen werden, obwohl die Sprachkenntnisse dafür kein Kriterium sein dürften (Subasi Singh 2020).

Wirksam sind in solchen (pädagogischen) Entscheidungsprozessen die Leistungen des Kindes, aber auch implizite Vorstellungen darüber, wie beispielsweise ein Gymnasialkind ist oder zu sein hat. Viele kleine, auch aufeinander Bezug nehmende Entscheidungen führen in der Summe zu einer statistisch sichtbaren institutionellen Diskriminierung einer Gruppe von Schüler*innen. Da diskriminierende institutionelle Wirkungsweisen nicht offen liegen, ist der Nachweis institutioneller Diskriminierung empirisch anspruchsvoll.

Übung in Kleingruppen: Eine Schule wirbt in ihrem Leitbild sowie auf ihrer Homepage mit der Aussage: „Wir haben Kinder aus 52 Nationen!" Die Schulstatistik führt die Zahl der Kinder mit Migrationsgeschichte, die verschiedenen Herkunftsländer und den variierenden Aufenthaltsstatus, aber auch sonderpädagogischen Förderbedarf und die „Inklusionskinder" detailliert auf. Außenstehende in Politik und Medien wie auch die Schulangehörigen selbst bezeichnen die Schule als #Brennpunktschule#.

Überlegen Sie gemeinsam in Kleingruppen Lösungen zu folgenden zwei Aufgaben:

(1) Wie könnte man die Schulstatistik positiv interpretieren? (z.B. Diversität, Vielfalt, Mehrsprachigkeit, Internationalität etc.) Wie könnte man die Schulstatistik negativ interpretieren? (z.B. geringer Leistungsfähigkeit der Schüler*innen, Diskriminierung, Exklusion, Kopftuchverbot)

(2) Wie könnte die Außendarstellung der Schule unter Einbezug der Schüler*innen partizipativ umgestaltet werden, sodass Außenstehende einen positiven Eindruck erhalten? Erarbeiten Sie kreative Lösungen (z.B. mit Plakaten, Texten, Werbeslogans, Kurzvideos).

Tabelle 3: Beabsichtigte versus nicht-beabsichtigte Diskriminierung

	Auf interpersonaler Ebene	**Auf struktureller Ebene**
Beabsichtige Diskriminierung	▪ rechtsextreme Äußerungen und Gewalt ▪ sexuelle Gewalt ▪ Mobbing & Cybermobbing ▪ Antisemitismus ▪ bewusste Ausgrenzung	▪ Verbote und Gesetze (z.B. Kopftuchverbot oder Sprachverbote in der Schule) ▪ Genozid, Apartheit, Nationalsozialismus, Sklaverei, White Supremacy
Nicht-beabsichtige Diskriminierung	▪ unbedachte Äußerungen und Witze ▪ Ignoranz ▪ pädagogische Nachlässigkeit gegenüber bestimmten Schüler*innen ▪ Sonderbehandlung ▪ Gruppenausschluss	▪ fehlende Barrierefreiheit ▪ unbedarfte und nicht-informierte pädagogische Entscheidungen ▪ Zuweisung von Schüler*innen mit nicht-deutscher Erstsprache an Sonderschulen ▪ höhere Kosten für die Schulbildung von Kindern mit Behinderungen

Quelle: Eigene Darstellung, adaptiert nach Köbsell (2015)

Zudem muss zwischen *beabsichtigter und nicht beabsichtigter Diskriminierung* auf zwei Ebenen differenziert werden (Tabelle 3): der interpersonalen, zwischenmenschlichen und der strukturellen Ebene (Köbsell 2015).

Auf der interpersonalen Ebene können Dialoge zur Versöhnung und zur Wiederherstellung des Vertrauens bzw. rechtliche Mittel wie eine Strafanzeige wirksame Methoden sein, um beabsichtigter Diskriminierung entgegenzuwirken. Bei nicht-beabsichtigter Diskriminierung ist dies um ein Vielfaches schwieriger, da die Diskriminierung nicht einfach nachgewiesen werden kann. Meditation und Aufklärung können relevante Maßnahmen darstellen, um auf einer impliziten Ebene zu verstärktem Bewusstsein für Inklusion und Chancengerechtigkeit beizutragen.

Auf der strukturellen Ebene können Gesetze, Widerstandsbewegungen, Demonstrationen von Schüler*innen oder Bürger*innenproteste zu Veränderungen führen. Jegliche Form der Ausbeutung und Marginalisierung sind beabsichtigte Formen der Diskriminierung gegenüber bestimmten Gruppen (Homel & Scherr 2010). Institutionen, wie Schulen und Hochschulen, müssen sich als lernende Organisationen begreifen, um institutionelle Diskriminierung wahrzunehmen, aufzudecken und im Sinne einer inklusiven Gesellschaft zu unterbinden. Hierbei können Prozesse der inklusiven Schul- und Organisationsentwicklung, eine offene Fehlerkultur und interkulturelle Bildung helfen.

5.2 Folgen von Diskriminierung in der Schule

Die Folgen von Diskriminierung in der Schule können Gefühle von Fremdheit, Sprachlosigkeit, Konflikte oder Orientierungslosigkeit angesichts der Diskriminierung darstellen (von Hentig 2012). Oftmals sind (kulturelle) Fehlinformationen oder mangelndes Hintergrundwissen die Ursache für unbeabsichtigte Diskriminierung. In vielen Fällen erleben Personen, die von diskriminierendem Verhalten betroffen sind, ein nicht weiter zu benennendes Unbehagen, weil oft keine direkte Diskriminierung stattfindet, sondern lediglich subtile Bemerkungen gemacht werden. Diskriminierendes Verhalten zwischen Schüler*innen bzw. zwischen Schüler*innen und Lehrpersonen kann jedenfalls zu Konflikten in der Klasse führen:

- *Interpersonelle Konflikte:* Interpersonelle Konflikte finden zwischen zwei Schüler*innen statt (Neubauer 2017). Das Verhalten des einen Schülers oder der einen Schülerin behindert, blockiert oder stört das Verhalten des jeweils anderen, was zu negativen Gefühle führt und die freundschaftliche Beziehung belastet.
- *Gruppenkonflikte:* Konflikte und diskriminierendes Verhalten können zudem Gruppenkonflikte innerhalb einer Klassengemeinschaft, des Kollegiums, einer Lerngruppe oder einer Sportgruppe zur Folge haben (Resch 2021).
- *Unterrichtsstörungen:* Diskriminierendes Verhalten kann zu Konflikten innerhalb der Schüler*innenschaft führen, der innerhalb der Klasse vom Unterricht ablenkt. Dies kann störendes verbales Verhalten, das Werfen von Gegenständen oder das Beleidigen oder Hänseln von anderen Schüler*innen beinhalten (Schönbächler et al. 2009).
- *Intrapersonelle Konflikte:* Zuletzt können auch innere oder seelische Konflikte auftreten, die Schüler*innen, die von Diskriminierung betroffen sind, im inneren Dialog austragen und zu einem sozialen oder emotionalen Rückzug der Schüler*innen aus der Klassengemeinschaft führen können (Zaharna 1989). Häufig werden Abwertungserfahrungen, die diese Schüler*innen im Zuge von Diskriminierung erfahren, internalisiert.

5.3 Fallbeispiel „In welche Schule soll Leonie gehen?“

Ein Fallbeispiel für institutionelle Diskriminierung folgt in diesem Kapitel.

Leonie ist sechs Jahre alt und soll zum nächsten Schuljahr eingeschult werden. Das Besondere an ihr ist, dass sie ein Drilling mit Downsyndrom ist. Sie wird von ihrer Familie als ein glückliches, offenes, freundliches und hilfsbereites Kind beschrieben. Ihre Sprachentwicklung ist durch eine Muskelhypotonie beeinträchtigt und dennoch findet sie immer Wege, um mit ihrer Umwelt zu kommunizieren. Leonie ist bewegungsaktiv, läuft und springt viel herum. Mehrmals pro Woche erhält sie außerschulisch Logo- und Ergotherapie zur Förderung ihre Sprachentwicklung und Motorik. Ihre Geschwister haben keine Behinderungen und werden zum nächsten Schuljahr die nächstgelegene Volksschule im Nachbarort besuchen. Die Drillinge haben eine gute Beziehung zueinander. Zusätzlich zu ihren Drillingsgeschwistern hat Leonie noch zwei ältere Schwestern im Teenageralter. Ihre Eltern kommen aus Osteuropa und sind nach Deutschland immigriert. Sie sprechen gutes Deutsch. Die Kinder wachsen nicht bilingual auf, da sie Leonie nicht überfordern wollen. Nun stellen sich die Eltern die Frage, welche Schule für ihre Tochter Leonie die beste wäre. Da Leonie einen Regelkindergarten besucht, können die dort arbeitenden Pädagog*innen der Familie nur wenig beratend zur Seite stehen, da sie über inklusive Beschulung kaum Vorwissen haben.

Für die Familie kommen drei Schulen in Frage:

- Als Erstes steht die *Regelvolksschule* zur Auswahl, die auch Leonies Drillingsgeschwister besuchen werden. Diese Schule liegt im Nachbarort und ist somit auch die Schule für alle anderen Vorschulkinder des Kindergartens. Demnach würde Leonie schon einen Teil ihrer Klasse kennen und würde mit ihren Geschwistern gemeinsam beschult werden, was ihr eine gewisse Sicherheit im schulischen Alltag geben würde. Somit sind jedoch keine weiteren beeinträchtigten Kinder auf dieser Schule, mit denen sich Leonie identifizieren könnte. Die Schule müsste der Aufnahme von Leonie explizit zustimmen, da keine Verpflichtung besteht, sie dort zu beschulen. Dazu müsste extra für sie eine Förderkraft eingestellt werden, da diese Schule normalerweise nicht explizit integrativ bzw. inklusiv arbeitet.
- Als Zweites gibt es eine Schwerpunktschule, die 15 Minuten Autofahrt vom Wohnort der Familie entfernt liegt. Dort würde Leonie niemanden kennen, würde aber mit weiteren beeinträchtigten Kindern inklusiv beschult werden. Die Schule wäre für ihre Bedürfnisse ausgestattet und sie würde für eine optimale Förderung eine Integrationskraft zur Unterstützung bekommen. Zudem käme sie zum ersten Mal mit weiteren beeinträchtigten Kindern in Kontakt.
- Als Drittes steht noch eine Sonderschule für ganzheitliche Entwicklung zur Auswahl, die für Leonie einen geeigneten Schonraum darstellen könnte und verpflichtet wäre, sie zu beschulen. Durch die kleinen Klassen und die gute Besetzung durch ausgebildete Lehr- und Förderkräfte würde sie bestmöglich gefördert werden. Außerdem käme sie zum ersten Mal mit weiteren Kindern mit Downsyndrom in Kontakt. Die Schule liegt je-

doch 40 Minuten vom Wohnort der Familie entfernt und kann nur mit dem Auto erreicht werden. Somit würde Leonie aus ihrem bekannten Umfeld gerissen werden und müsste jeden Tag eine weite Fahrt auf sich nehmen, was im Familiengefüge zu vermehrtem Stress führen würde oder ein Fahrtdienst genutzt werden müsste.

5.4 Diskussion des Fallbeispiels

Diskussion in Kleingruppen: Die Schüler*innen oder Studierenden lesen das Fallbeispiel in Kleingruppen und beantworten anschließend die Diskussionsfragen. Die Fragen müssen auf die jeweilige Lerngruppe zugeschnitten und adaptiert werden.

Diskussionsfragen:

- Welche Vorteile und Nachteile ergeben sich bei der Wahl der drei Schulen? Erstellen Sie eine Liste.
- Für welche Beschulung würden Sie sich entscheiden und warum? Welche persönliche Haltung zu Inklusion steckt hinter dieser Entscheidung? (s.u.)
- Angenommen, die Regelvolksschule im Nachbarort lehnt Leonies Einschulung ab, würde dann eine Form der institutionellen Diskriminierung vorliegen? Wenn ja, warum? Wenn nein, warum nicht?

Die Beschulung von Kindern mit Downsyndrom erfolgte bereits in den 1970er Jahren durch erste integrative Schulversuche. Schüler*innen mit Downsyndrom bilden eine heterogene Gruppe, daher ist die individuelle Abklärung des Förderbedarfs vor der Entscheidung über eine Beschulung wichtig. Relevante Entscheidungskriterien sind etwa die Form der Trisomie, mögliche zusätzliche Beeinträchtigungen, Geschlecht, Aktivitätsniveau, Neugierde und Ausdauer des Kindes, voraussichtliche soziale Akzeptanz des Kindes, schulische Lernbedingungen und allgemeine kognitive, soziale und emotionale Grundbedingungen. Bei einer Entscheidung für eine bestimmte Form der Beschulung spielen die Einstellungen der Eltern bzw. der Lehrpersonen eine entscheidende Rolle. Diese können am Beispiel von Leonies Schultypentscheidung aufgezeigt werden: Wenn eine *segregative Haltung* vorliegt, dann werden die Vorteile der Sonderschule für Leonie herausgestrichen, die Ausbildung der dort tätigen Lehrpersonen und das dort mögliche besondere Eingehen auf Leonies Bedürfnisse. Eventuell spielt bei einer segregativen Haltung ein medizinisch-orientiertes Verständnis von Behinderung mit (Zinsmeister 2016). Bei einer *fürsorglich-helfenden Haltung* stünde die Schule im Vordergrund, die besser auf die Bedürfnisse von Leonie eingehen kann bzw.

in der die familiäre Unterstützung durch Eltern und Geschwister am besten gegeben wäre. Steht das Lernen im Vordergrund, so könnte eine *individuell-differenzierende Haltung* dazu beitragen, die Sonderschule oder zumindest die Schwerpunktschule zu wählen, da Leonie in diesen Schultypen von einer Lehrkraft gefördert wird, die häufig mit Kindern mit Downsyndrom lernt. In einer *ideologischen Haltung für Inklusion* würde jede Form der Beschulung, die zwischen Kindern mit und ohne Behinderungen trennt, abgelehnt werden. In einer solchen Haltung kommt nur die Regelschule in Frage. Bei einer *ganzheitlichen Haltung* würden verschiedene Aspekte von Leonies Situation abgewogen werden, etwa die Form der Beschulung, die Anfahrtszeit oder die soziale Eingebundenheit von Leonie. Zuletzt könnte man eine rein *pragmatische Haltung* an den Tag legen und nach der Anfahrtszeit, der dadurch entstehenden Belastung in der Familie oder finanziellen Aspekten entscheiden.

Ein medizinisch-defizitorientiertes Verständnis von Behinderung würde eine separate Beschulung von Leonie vorsehen:

> „Es versteht unter einer Behinderung eine körperliche, intellektuelle oder psychische Abweichung von der ableistischen Norm eines Menschen, die mit der Einschränkung seiner Handlungsmöglichkeiten einhergeht und ihn an der Wahrnehmung seiner Menschenrechte und in seiner gesellschaftlichen Teilhabe behindert." (Zinsmeister 2016, S. 4).

Leonies Behinderung würde in diesem Verständnis als Beeinträchtigung wahrgenommen werden, die durch die medizinische Diagnose festgestellt wurde und somit Ausgangspunkt für ihre weitere Bildungs- und Schullaufbahn darstellt. Dabei geht die Diagnose stets von einem angenommenen „Normalzustand" gesunder Menschen aus: die ableistische Norm (Müller 2018, S. 24). Mediziner*innen kommt durch dieses Modell automatisch eine Machtposition zu, da sie Behinderungen benennen und eine Person der Kategorie „behindert" zuschreiben können.

> „Durch Diskriminierung erfolgen soziale Positionszuweisungen, die Beziehungen zwischen Mehrheit und Minderheiten, Mächtigen und Machtunterworfenen, ökonomisch Privilegierten und Benachteiligten, Etablierten und Außenseitern, Einheimischen und Fremden, Normalen und Abweichenden hervorgebracht bzw. aufrechterhalten." (Scherr 2011, S. 36).

Die Selbstbestimmt-Leben-Bewegung von Menschen mit Behinderungen äußerte bereits in den 1970er Jahren im deutschsprachigen Raum erstmals Kritik am medizinischen Modell und identifizierte sich mit einem sozialen Modell von Behinderung als Gegenentwurf. Aus dem Blickwinkel des sozialen Modells *sind* Menschen nicht behindert, sondern *werden* behindert (Lindmeier & Lindmeier 2012; Zinsmeister 2016). Leonie ist die Kategorie „Behinderung" zugeschrieben worden. Damit ist die Chancengleichheit zwischen ihr und ihren Geschwistern nicht mehr gegeben. Eine Behinderung zu benennen und somit eine Person der Kategorie „behindert" zuzuschreiben, entspricht dem medizinischen Modell (Müller 2018), das per se Chancengerechtigkeit und Inklusion verhindert.

> „Gesellschaftliche Barrieren sind zu Strukturen geronnene Diskriminierungen, durch die die Betroffenen absichtlich oder – wahrscheinlich viel öfter – unabsichtlich ausgegrenzt werden. U-Bahnschächte ohne Fahrstühle, Bücherregale, die von einem Rollstuhl aus unerreichbar sind, Witze über geistig Behinderte, das fast totale Fehlen von Gebärdendolmetschern in der Universität und zahlreiche andere Barrieren vermitteln Behinderten alltäglich die Botschaft, dass sie nicht dazugehören und dass man ihr kreatives Potenzial nicht wahrnimmt.“ (Bielefeldt 2010, S. 28).

Leonie ist keiner direkten Diskriminierung ausgesetzt, da ihre Familie und die Lehrpersonen das Beste für sie im Sinne haben. Neben direkten Diskriminierungsformen gibt es zahlreiche institutionelle und strukturelle Diskriminierungen (Bielefeldt 2010, S. 30).

> „Institutionelle Diskriminierung bezeichnet Strukturen und Praktiken von Organisationen (Schulen, Betrieben, Sozialämtern usw.), die auch ohne Absicht zur Benachteiligung derer führen, die dort handeln, und die auch nicht durch individuelle Vorurteile von Organisationsmitgliedern erklärbar sind.“ (Scherr 2011, S. 36).

Diese Form der Diskriminierung kann dementsprechend nicht auf einzelne Personen zurückgeführt werden, sondern beschreibt äußere Umstände, die diskriminierend wirken (Gomolla & Radtke 2009). Bei Leonie erfolgt eine Positionszuweisung: „Du gehörst an eine andere Schule.“ Diese Positionszuweisung kann zu sozialem Ausschluss führen. Durch die Konstruktion von Behinderung und Normalität werden gesellschaftliche Machtverhältnisse hergestellt, die sich im Alltag von Menschen mit Behinderungen einfach reproduzieren (Köbsell 2015). Dadurch werden der Ableismus und seine Auswirkungen oftmals nicht (mehr) wahrgenommen, so verinnerlicht sind die zugeschriebenen gesellschaftlichen Positionen.

Gerade Schüler*innen mit Behinderungen sind in ihrem Alltag oftmals besonders von Institutionen und deren Unterstützungsstrukturen abhängig. Leonie ist von schulischen Institutionen, die ihren Lebensweg, ihre Sozialkontakte und letztlich ihre Berufschancen prägen, abhängig. Dementsprechend machen sie auch vielfältige Erfahrungen mit institutioneller Diskriminierung, wie etwa Leonie, wenn die Regelvolksschule sie ablehnt.

Das Ziel der UN-BRK ist die menschenrechtlich begründete volle und gleichberechtigte Teilhabe von Menschen mit Behinderungen in allen Lebensbereichen inklusive einer gleichberechtigten Teilnahme am Schulwesen und dem Postulat der Anti-Diskriminierung. Es verpflichtet die Vertragsstaaten u. a. dazu, Diskriminierung aufgrund von Behinderungen zu verbieten und Menschen mit Behinderungen rechtlichen Schutz vor Diskriminierung zu gewährleisten (Abschnitt 2.2). Daraus folgt, dass niemand aufgrund seiner Behinderung aus dem allgemeinen Bildungssystem ausgeschlossen werden darf, da einer der Grundpfeiler der Kinderrechte das Recht auf Bildung und Entwicklung darstellt. Das bedeutet wiederum, dass Kinder wie Leonie jede Schule besuchen dürfen, egal ob diese integrativ bzw. inklusiv arbeitet oder nicht. Als Ziel eines inklusiven Schulsystems gilt die gemeinsame Beschulung aller Kinder in einem differenzierten Unterricht.

5.5 Fazit: Handlungsfelder einer diskriminierungskritischen Schule

Für eine diskriminierungskritische Schule ist die regelmäßige Thematisierung von Antidiskriminierung, Kinderrechten und Inklusion im Schulunterricht maßgeblich, um gemeinsam eine demokratische und inklusive Grundhaltung zu entwickeln (Foitzik et al. 2019). Schulen haben verschiedene Handlungsoptionen, um zu inklusiven und diskriminierungskritischen und schlussendlich zu diskriminierungsfreien Schulen zu werden. Dies beinhaltet zumindest fünf Handlungsfelder (Abbildung 5).: (1) über Diskriminierung sprechen, (2) Umgang mit rechtsextremen Äußerungen, (3) Menschenrechtserziehung, (4) Umgang mit Mehrsprachigkeit und Abbau von Sprachhierarchien, und (5) Diskriminierung durch Lehrpersonen oder Institutionen (Foitzik et al. 2019).

Über Diskriminierung sprechen: Um in der Schule über verschiedene Formen von und Erfahrungen mit Diskriminierung zu sprechen, braucht es vertrauensvolle Ansprechpersonen auf der Seite der Lehrpersonen. Die Schule kann in verschiedenen Formaten an einer Kultur der „Besprechbarkeit" arbeiten. Wenn diskriminierende Einstellungen oder Verhaltensweisen sichtbar

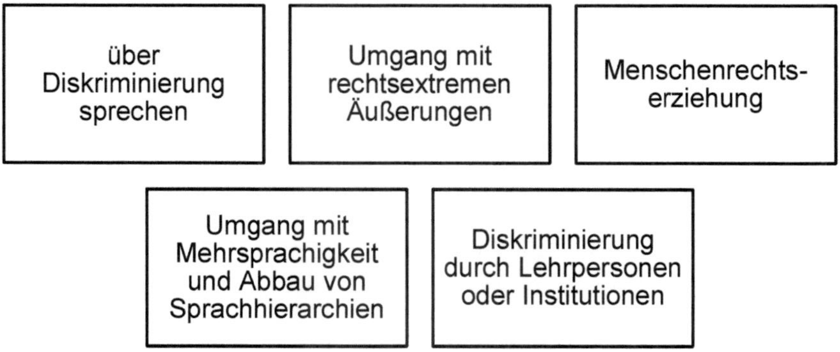

über Diskriminierung sprechen

Umgang mit rechtsextremen Äußerungen

Menschenrechts-erziehung

Umgang mit Mehrsprachigkeit und Abbau von Sprachhierarchien

Diskriminierung durch Lehrpersonen oder Institutionen

Abbildung 5: Handlungsfelder einer diskriminierungskritischen Schule
Quelle: Eigene Darstellung in Anlehnung an Foitzik et al. (2019)

werden, hilft es, sich schüler*innenzentriert mit der Situation kognitiv und emotional auseinandersetzen und nach gemeinsamen Handlungsstrategien zu suchen.

Umgang mit rechtsextremen Äußerungen: Im Unterschied zu subtilen Formen der Diskriminierung müssen Lehrpersonen auf rechtsextreme Äußerungen immer reagieren. Die Äußerung muss eingeordnet und besprochen werden. Dazu braucht es häufig Hintergrundwissen über die spezielle Sprache und Codes rechtsextremer Äußerungen. Diese Form von diskriminierenden Äußerungen müssen im schulischen Kontext unterbunden (*Schutzpflicht*) und Gespräche mit rechtsaffinen Schüler*innen geführt werden. Ihr Umgang erfordert ein hohes Maß an Professionalität. Weitere Maßnahmen können sein: Hinterfragen von gefestigten oder stereotypen Meinungen, Beachtung des Strafrechts und Einbezug der Eltern oder Erziehungsberechtigten.

Menschenrechtserziehung: Statt einer allgemeinen Werteerziehung empfehlen Foitzik, Holland-Cunz und Riecke (2019) eine Menschenrechtsbildung (Abschnitt 2.1): Schüler*innen können in bestimmten Fächern das Antidiskriminierungsrecht, die Menschenrechte und die Kinderrechte kennenlernen und gezielt über ihre Rechte informiert werden. Dann können Differenzen zum schulischen oder außerschulischen Alltag betrachtet werden. Menschenrechtsbildung schafft Ressourcen, Strukturen und Räume, während Werterziehung dazu neigt, zu disziplinieren.

Umgang mit Mehrsprachigkeit und Sprachhierarchien: Um der Diskriminierung von Schüler*innen mit anderen Erstsprachen entgegenzuwirken, braucht es eine anerkennende Schulkultur und ein Verständnis von Mehrsprachigkeit als Ressource. Zudem können Maßnahmen zur Einbindung der Erstsprache in den Schulalltag helfen, etwa wenn Türkischunterricht für alle interessierten Schüler*innen an der Schule angeboten wird. Sprachverbote – etwa in Pausen oder im Unterricht – sind weniger inklusiv und führen dazu, dass Schüler*innen mit anderen Erstsprachen implizite Sprachhierarchien vermittelt werden („deine Sprache ist nicht geduldet, meine schon“). Eine durchgängige und integrative Sprachförderung in Deutsch wird empfohlen (Abschnitt 4.4).

Diskriminierung durch Lehrpersonen und Institutionen: Leider erfolgt Diskriminierung häufig durch Lehrpersonen oder institutionelle Gegebenheiten (und geht nicht von den Schüler*innen selbst aus). Um diskriminierende Praktiken von Lehrpersonen auszudecken, sind transparente Kriterien und Verfahren notwendig, damit sich Schüler*innen vertrauensvoll an jemanden wenden können. Es muss bei der Maßnahmenwahl darauf geachtet werden, ob es sich um absichtliche und unabsichtliche Diskriminierung handelt (Abschnitt 5.1). Institutionelle Diskriminierungsrisiken liegen vor allem an Schlüsselstellen in der Bildungslaufbahn, zum Beispiel bei der Einschulung oder dem Übergang von der Volkschule zu einer weiterführenden Schule vor.

Gerade Schultypentscheidungen müssten transparent dokumentiert werden, um Diskriminierung im Zweifelsfall ausschließen zu können. Beachtet man das Mehraugenprinzip, kann ein zweiter Blick genutzt werden, um Vorurteilen entgegenzuwirken.

6 Inklusion und Anerkennung

Wenn Schüler*innen immer wieder erfahren, dass sie angenommen sind, gemeinsam lernen können und sich gegenseitig in der gegebenen Vielfalt unterstützen, erleben sie Inklusion und Anerkennung im Kontext Schule (Bohnsack 2013). Fehlende Anerkennung hinterlässt im Gegenzug negative Spuren. Simon (2012) hebt hervor, dass Anerkennung eine wichtige Orientierungsgröße in der Pädagogik darstellt, wobei Anerkennung mehr als das Begreifen oder die Bewusstmachung einer Situation umfasst, sondern das Sich-Hineinfühlen, Identifizieren mit anderen und schlussendlich den zwischenmenschlichen Akt gegenseitiger Anerkennung.

Aktivierung: Beginnen Sie den Unterricht zu Inklusion und Anerkennung mit einer aktivierenden Aufgabe (Anhang 5). Im Anhang finden Sie einige Bildimpulse zu Anerkennung, die Sie als Handout verteilen bzw. auf die Wand projizieren können. Jede teilnehmende Person soll sich einen positiven und einen negativen Bildimpuls aussuchen, den er oder sie besonders mit Anerkennung oder fehlender Anerkennung verbindet. Beispiel: Eine Siegerehrung oder ein Zertifikat könnten mit Anerkennung, wohingegen Gewalt oder sehr wenige Likes auf Social Media mit fehlender Anerkennung assoziiert sein könnten. Jede Person soll zuerst für sich und dann im Plenum folgende Fragen beantworten: Warum habe ich die beiden Bilder ausgewählt? Was lösen die Bilder in mir aus? (Assoziationen, Erinnerungen, Stimmung) Welche Art von Anerkennung wünsche ich mir in der Schule bzw. an der Hochschule?

6.1 Die drei Formen der Anerkennung nach Honneth

Das Konzept der Anerkennung kann als Bestätigung von positiven Eigenschaften und als Bedingung für ein positives Selbstverhältnis verstanden werden (Honneth 2004). Honneth ist der bekannteste Vertreter der Anerkennungstheorie im deutschsprachigen Raum. Der Philosoph, Soziologe und Germanist schrieb zahlreiche Werke zur Anerkennung (Honneth 1994; 2003; 2004). Er differenziert drei Formen der Anerkennung, die zuerst kurz vorgestellt und dann für den Kontext Schule im Detail erläutert werden:

- Die (1) *emotionale Zuwendung* führt dazu, dass eine Person Anerkennung als Individuum, dessen Wünsche und Bedürfnisse für eine andere Person von einzigartigem Wert sind, erfährt und elementare Sicherheit über den Wert der eigenen Bedürftigkeit gewinnt.
- Die (2) Solidarität führt auf gesellschaftlicher Ebene zur Anerkennung zwischen Personen und somit zu Wertschätzung, Solidarität und Loyalität basierend auf der Zugehörigkeit zu einer oder mehrerer sozialer Gruppen.
- Die (3) rechtliche Anerkennung fordert eine Anerkennung der Person als Grundrechtsträger*in, dem dieselbe Zurechnungsfähigkeit zukommt wie allen Menschen und führt beim Individuum zur Selbstachtung und dem Bewusstsein, eine moralisch zurechnungsfähige Person zu sein. Auf gesellschaftlicher Ebene führt sie zu moralischem Respekt und der Verpflichtung der universellen und rechtlichen Gleichbehandlung.

Anerkennung im Kontext Schule kann mit Wertschätzung und Bestätigung übersetzt werden (Ricken 2017) und umfasst die Bestätigung von Bedürfnissen von Schüler*innen durch emotionale Zuwendung, die sie dort erfahren, sowie die Erfahrung von Solidarität in einer Klassengemeinschaft oder in Gruppen durch soziale Wertschätzung (Röhr 2019). Emotionale Zuwendung ist dabei die Voraussetzung für die Herausbildung physischer Integrität und Solidarität die Erfahrung eigener Würde. Die rechtliche Anerkennung ermöglicht soziale Integration (Castro Varela & Mercheril 2010). Wenn die drei Formen der Anerkennung nicht gegeben sind, findet ein Kampf um Anerkennung statt – unabhängig davon auf welcher Ebene die Anerkennung fehlt. Diese ist umso schwieriger durchzusetzen, wenn es sich um hierarchische Beziehungen und Abhängigkeiten handelt und keine Reziprozität in diesen Beziehungen gegeben ist (Honneth 1994), denn Praktiken der Anerkennung unterliegen institutionellen Rahmenbedingungen (Reisenauer & Ulseß-Schurda 2016).

(1) Emotionale Zuwendung

Pädagogisches Handeln ist an sich an andere gerichtet und in diesem Sinne anderen zugewandt (Reisenauer & Ulseß-Schurda 2016). Allen in der Schule anwesenden Personen kommt die wechselseitige Pflicht zu, sich als Personen zu respektieren und anzuerkennen. Zu beachten ist jedoch, dass jede*r nur zu so viel verpflichtet ist, wie er oder sie umgekehrt erwarten kann. Schüler*innen mit einer kognitiven Beeinträchtigung können diese Art von moralischer Pflicht beispielsweise nur begrenzt erfüllen. Eine Englischlehrerin gibt beispielsweise die korrigierten Hausaufgaben zurück und nickt dem Kind lächelnd zu, dieses kann die Zuwendung aber nicht auf dieselbe Art zurückgeben. Daher kann man emotionale Zuwendung auch nicht tauschen. Es bedarf einer bestimmten Qualität von emotionaler und fürsorglicher Zuwendung in pädagogischen Beziehungen, um das Potenzial der individuellen Autonomie zur Entfaltung kommen zu lassen (Stojanov 2008), denn Anerkennung ist ein zentrales Element einer inklusiven und berufsethischen Haltung vor allem für Lehrpersonen (Simon 2012) (Kapitel 3). Im schulischen Kontext besteht das erklärte Ziel der Lehrpersonen in einem emotional zugewandten Handeln darin, Schüler*innen auf Augenhöhe zu begegnen und allen Schüler*innen den gleichen moralischen Wert zuzugestehen. Schüler*innen werden ernstgenommen und können etwas in den Bildungsprozess mit einbringen. Alle Schüler*innen sind vollwertige Mitglieder einer inklusiven Schulgemeinschaft, auch, wenn sie nicht alle moralischen Pflichten, etwa aufgrund kognitiver oder sprachlicher Barrieren, erfüllen können. Erfahrungen von sozialer Wertschätzung und Zuwendung führen dazu, dass Schüler*innen mehr Anerkennung erleben wollen und über sich hinauswachsen können. Dieser Prozess gelingt lediglich dann, wenn sich Schüler*innen in einem wertschätzenden, anerkennenden Umfeld befinden. Der Anerkennung stehen unterschiedliche Formen von Nicht-Anerkennung, Missachtung und Ausschluss sowie Entwürdigung oder Beleidigung gegenüber. Diese Verhaltensweisen führen zu negativen Erfahrungen und verhindern deshalb das Erleben und Erfahren von Anerkennung. Honneth (1994) stellt fest, dass diese Missachtungen im Kontext Schule zu vermeiden sind, um negativ geprägte Interaktionen zu verhindern und Schüler*innen nicht langfristig zu schaden. Dies entspricht allerdings nicht immer der schulischen Realität.

(2) Solidarität

Solidarität bedeutet, soziale Wertschätzung in Gruppen zu erfahren (Röhr 2019). Mecherill (2005) weist darauf hin, dass die Solidarität in Honneths Anerkennungstheorie einen wichtigen wie auch kritischen Punkt darstellt. Solidarität führt dazu, dass sich der Mensch in gesellschaftlichen Zusammenhängen und Interaktionsbeziehungen als bedeutsam erfährt. Honneth (1994) spricht von reziproker Solidarität, also davon, dass das Gegenüber nicht nur passiv toleriert wird, sondern affektive Anteilnahme „an dem individuell Besonderen der anderen Person“ geweckt wird (Castro-Varela & Mecherill 2010, S. 113). Im Gegensatz zu einer moralischen Verpflichtung bzw. einem gewissen Ausmaß von Fürsorgepflicht ist Solidarität nicht einforderbar (Kapitel 3). Eine Schülerin kann beispielsweise einen Preis erhalten – ob sie dafür allerdings Anerkennung von ihren Mitschüler*innen oder ihren Eltern erfährt, ist nicht einforderbar. Mitschüler*innen können sich positiv solidarisch verhalten, müssen dies aber nicht. Zur Einteilung der Volleyball-Mannschaften im Sportunterricht wird gewählt. Maximilian wird als erster gewählt und seine Mitschüler*innen johlen und klatschen, als er nach vorne zur Gruppe geht. Dies ist bei Tobias nicht der Fall. Wird Solidarität gelebt, dann fördert sie Respekt und Würde und führt zur Achtung der anderen (Castro-Varela & Mecherill 2010), die ist allerdings eine nie abgeschlossene Handlung.

Solidarität ist ein in der Sozialforschung eher vernachlässigtes Thema, das erst seit 2015 im Kontext von Migration und Flucht wieder Aufschwung erhalten hat. Fehlende An*erkennung* ist oftmals mit einer Ver*kennung* einer Personengruppe verbunden, die man selbst nicht kennt oder zu der man keine Kontakte pflegt. So kann der fehlende Kontakt zu blinden Menschen etwa dazu führen, dass man deren Lebensrealität nicht einschätzen und demnach nicht anerkennen kann. Durch den fehlenden Kontakt können sich deshalb negative Bilder über eine soziale Gruppe festsetzen und zu Vorurteilen oder diskriminierendem Verhalten führen (Abschnitt 5.1). Solidarität kann als Brückenkonzept verstanden werden, z.B. zwischen Fremden und Einheimischen oder Wissenden und Unwissenden (etwa in pädagogischen oder intergenerationalen Beziehungen), und führt im besten Fall zum Aufbau von Beziehungen zwischen diesen Gruppen. Um ein solidarisches Miteinander zwischen Lehrkräften und Schüler*innen erreichen zu können, braucht es zusätzlich eine kritisch-pragmatische Solidarität (Castro-Varela & Mecherill 2010), d.h. Lehrkräfte, die ihr Verhältnis zu Macht und Privilegien, Inklusion und Exklusion nicht nur wahrnehmen, sondern auch kritisch hinterfragen und im Notfall handeln, in dem sie Exklusion oder Missachtung entgegenwirken. Kritisch-pragmatische Solidarität bedeutet, Interesse an sozialer Gerechtigkeit zu entwickeln und so zur Inklusion in der Schule beizutragen.

Durkheim (1992) befasste sich bereits in seiner Dissertation mit Solidarität in der Gesellschaft. Er unterscheidet zwischen mechanischer und organischer Solidarität, wobei mechanische Solidarität eine Solidarität auf Basis von Gleichheit meint. Schüler*innen, die dieselbe Schulstufe besuchen, teilen zum Beispiel gewisse Normen, Werte oder materielle Güter und sind auf Basis dieser Gleichheit solidarisch miteinander verbunden. Organische Solidarität meint im Gegensatz dazu Solidarität auf der Basis von Verschiedenheit, etwa von unterschiedlichen sozialen Rollen, beruflichen Positionen oder Arbeitsteilung in der Schule. Um organische Solidarität zu erfahren, brauchen Menschen Beziehungen zu anderen, die nicht in derselben Lage sind wie sie selbst:

> „Die jeweils konkreten Beziehungen gelten als vorgeformt durch soziale Arbeitsteilungen und Normen des Zusammenlebens, mit denen sich zugleich Regeln der Anerkennung und Solidarität verbinden.“ (Puhr 2017).

In organischen Gesellschaften herrscht trotz Verschiedenheit eine starke Abhängigkeit voneinander, währenddessen in mechanischen Gesellschaften Solidarität auf Basis kollektiver Gemeinsamkeiten basiert. Durkheim befasst sich aber weder mit rechtlicher Anerkennung noch mit emotionaler Zuwendung.

(3) Rechtliche Anerkennung

Die rechtliche Anerkennung umfasst die Gewährung von Grundrechten (Kapitel 1). Werden diese verweigert, führt dies zu Einbußen der Selbstachtung, da der Person das Recht verweigert wird, autonom zu handeln. Ein bekanntes Beispiel ist jenes von Eltern von Kindern mit einer kognitiven Beeinträchtigung, denen das Recht abgesprochen wird, ihr eigenes Kind – ob mit oder ohne Behinderung – großzuziehen. Dies führt zu einer Entrechtung. Rechtliche Anerkennung ist außerdem Teil der Menschenwürde (Abschnitt 2.1), was bedeutet, einen Menschen zu erkennen, sie oder ihn nicht als Objekt zu behandeln, sondern eine angemessene Antwort auf dessen Bedürfnisse zu geben.

Biewer (2010) leitet von den drei Anerkennungsformen Honneths drei Anerkennungsethiken sowie deren Gegenteile ab (Tabelle 4). Biewer (2010) orientiert sich in seiner Darstellung an Honneths Formen der Anerkennung: emotionale Zuwendung, Solidarität und rechtliche Anerkennung, für die es in der pädagogischen Umsetzung eine Ethik der Fürsorge, eine kommunitäre Ethik und einer Gerechtigkeitsethik bedarf (Kapitel 3). Im Sinne einer Anerkennungsethik braucht es in jedem Fall eine Feststellung, inwiefern und in welchem Ausmaß bestehende (pädagogische) Beziehungen Ressourcen für die Schüler*innen darstellen oder nicht, z.B. zwischen Lehrpersonen, Peers, Elternteilen und dem Kind. Mit dem Schlagwort des Kommunitarismus wird zu mehr Solidarität und Gemeinschaftssinn aufgerufen (*caring communities*, Abschnitt 3.6), da emotionale Zuwendung oftmals in privaten Beziehungen und rechtliche Anerkennung im Justizsystem vermittelt werden und im schulischen Kontext auf den ersten Blick weniger beeinflussbar scheinen. Die Solidarität schließt aber an einer kommunitären Ethik an, was im Kontext Schule in der Form von Klassengemeinschaften Form annimmt. Die zunehmende Individualisierung der westlichen Gesellschaft steht dem Kommunitarismus gegenüber, in der es leider allzu oft nicht darum geht, kollektiv zu denken und zu handeln.

Tabelle 4: Anerkennungstypen

Typus	Beschreibung	Gegenteile
Emotionale Zuwendung	Kontextsensible, auf Differenz beruhende Ethik der Fürsorge	Isolation, Missachtung, Entwürdigung, Misshandlung, Gewalt
Solidarische Zustimmung	Kommunitäre, auf Solidarität fokussierende Sozialethik	Nichtanerkennung, Herabstufung, soziale Geringschätzung, Beleidigung
Rechtliche Anerkennung	Universalistische, von Gleichheit ausgehende Gerechtigkeitsethik	Entrechtung, Ausschluss

Quelle: eigene Darstellung, adaptiert nach Biewer (2010)

Aus den jeweiligen Formen der Anerkennung lassen sich Formen der Nicht-Anerkennung ableiten. Diesen Formen der Missachtung folgen Kämpfe um Anerkennung. Wenn emotionale Zuwendung entzogen wird, äußert sich dies in Isolation, Entwürdigung und in persönlichem Leid. Eine nicht-solidarische Klassengemeinschaft wirkt ebenso geringschätzend und nicht anerkennend wie fehlende emotionale Zuwendung. Solidarische Anerkennung kann an sich nicht verloren, aber „entwertet“ werden (Röhr 2019, S. 99), etwa wenn eine Schülerin bemerkt, dass ihre Mitschüler*innen sie aus Höflichkeit oder Mitleid ins Volleyballteam wählen. Bei Entrechtung und Ausschluss können Menschen auch gesellschaftlichen Formen der Gegenwehr zeigen, etwa durch Petitionen oder Demonstrationen (Röhr 2019).

6.2 Fallbeispiel „Herr Markowitsch und Julia“

Anerkennung soll im folgenden Abschnitt in einer Vignette aus dem Unterricht näher beleuchtet werden. Diese stammt aus einer Unterrichtsbeobachtung eines Deutschunterrichts einer siebten Schulstufe (Rosenberger & Freudhofmayer 2019, S. 38-39). Dabei stehen der Lehrer Herr Markowitsch und die Schülerin Julia im Zentrum des Anerkennungsgeschehens.

„Nachdem die Schülerinnen und Schüler einer 7. Schulstufe im Deutschunterricht gerade jede/r leise für sich zum ersten Mal die Kurzgeschichte „Die drei dunklen Könige“ von Wolfgang Borchert gelesen haben, bespricht der Lehrer Herr Markowitsch den Text in einem Klassengespräch mit allen gemeinsam nach. Er fragt, welche Wörter oder Sätze den Schülerinnen und Schülern unbekannt seien und erklärt diese. Auf seine erneute Frage nach Nicht-Verstandenem nimmt der Lehrer Julia aus der letzten Reihe dran, die sich schon seit einiger Zeit mit halb hochgestrecktem Arm zu Wort meldet. Niemand sonst zeigt in dem Moment auf. Julia beginnt etwas zögerlich: „Also, ich wollte eigentlich nur fragen, weil ich vermute bei dem Text noch was anderes, eine Andeutung auf die Drei Heiligen Könige.“ Der Lehrer, der eigentlich nach unklaren Begriffen gefragt hatte, blickt die Schülerin überrascht an. Seine Gesichtszüge lösen sich jedoch schnell. Er nickt zustimmend, schließt ein bestätigendes Mhm an. Julia setzt fort: „Nämlich die gelben Zuckerl sind sozusagen das Gold, was sie bringen …“ Im Gesicht des Lehrers macht sich ein Lächeln breit: „Sehr gut.“ Julia fährt fort: „ … der Zigarettentabak die Myrrhe und der Esel das, also Myrrhe halt der Esel, und Weihrauch Tabak.“ Herr Markowitsch bemerkt mit heller Stimme: „Genau, sehr gut. Also, die Julia, die ist super!“ Habt ihr das gehört?“ Einige Schülerinnen und Schüler drehen sich murmelnd und im Frageton den Begriff Myrrhe wiederholend zu ihrer Mitschülerin um. Der Lehrer bekräftigt: „Hochintelligent diese Interpretation. Julia, bravo! Das ist wirklich gut“. Ein Schüler klatscht Beifall. Der Lehrer bestätigt die Lesart von Julia und fasst diese mit Bezug auf Wolfgang Borchert noch einmal für die Klasse zusammen. Dabei fragt er die Klasse, was eigentlich zu Weihnachten gefeiert wird, und stellt fest, dass viele Schülerinnen und Schüler auf diese Frage keine Antwort geben können und auch die Bibelgeschichte über die Heiligen Drei Könige nicht kennen.“

6.3 Diskussion des Fallbeispiels

Diskussion in Kleingruppen: Die Schüler*innen oder Studierenden lesen das Fallbeispiel in Kleingruppen und beantworten anschließend die Diskussionsfragen. In der Diskussion sollen die Elemente des positiven Anerkennungsgeschehens herausgearbeitet werden. Die Fragen müssen auf die jeweilige Lerngruppe zugeschnitten und adaptiert werden. Die Lehrperson stellt die einleitende Frage an alle „Was lernen wir aus diesem Fallbeispiel über Anerkennung?“ und sammelt die Antworten auf der Tafel oder am Whiteboard.

Das Beispiel berichtet in Form eines kurzen Narrativs von einem positiven Anerkennungsgeschehen in der siebten Schulstufe. Anerkennung kann hier als Element der Beziehungsgestaltung zwischen Herrn Markowitsch und Julia verstanden werden (Rosenberger & Freudhofmayer 2019). Julia erhält Anerkennung für eine besondere Leistung, die außergewöhnliche Interpretation der im Deutschunterricht durchgenommenen Kurzgeschichte. Die Anerkennung dieser Leistung erfolgt in Form von verbalem Lob durch den Lehrer. Solche Anerkennungsformen gelten in hierarchischen Beziehungen als „typisch“. Durch den Unterricht des Lehrers, der unter den Schüler*innen nach „Unklarheiten“ fragt, wird die Hierarchie zwischen ihm als Wissenden und den Schüler*innen als Unwissende verstärkt. Julia hingegen folgt dieser Frage-Antwort Logik nicht. Sie bringt ihre Interpretationsleistung vor, um Anerkennung dafür zu erhalten und das Herausragen ihrer Wortmeldung wird anerkannt. Dies zeigt, dass sie weiß, welche Leistungen in der Schule Anerkennung finden und wie ihr diese zuteilwerden.

Zudem kann aus dem Fallbeispiel herausgearbeitet werden, dass das Anerkennungsgeschehen kein bilaterales darstellt. Denn der Lehrer fragt *„Habt ihr das gehört?“* und öffnet damit das Anerkennungsgeschehen für die ganze Klasse, d.h. für Rückmeldungen unter Dritten. Diese können dann anerkennungsfördernde oder anerkennungsablehnende Positionen einnehmen, etwa als Zuhörende, Applaudierende oder Missbilligende. In diesem Beispiel klatscht ein Schüler Beifall und zeigt damit solidarische Anerkennung.

Anerkennung ist deshalb ein zweidimensionales Konzept: Es verlangt sowohl die Anerkennung der Leistung als auch die Anerkennung der Person, die die Leistung erbringt. Prengel (2013) argumentiert, dass es beides braucht: die leistungsunabhängige Anerkennung und den hierarchisierenden Leistungsvergleich. Julia hat, wie viele Schüler*innen, ein Bedürfnis nach Bestätigung, d.h. in ihren Fähigkeiten und Fertigkeiten verstanden zu werden.

Selbstreflexion für Lehrpersonen an Schulen oder künftige Lehrpersonen an Hochschulen: Worauf lege ich in meinem Fach Wert? Welche Leistungen erkenne ich (hoch) an? Welche Leistungen sind in meinem Unterrichtsfach „anerkennungswürdig"?

Die Lernenden haben 15 Minuten Zeit zur Selbstreflexion und danach 15 Minuten Zeit zum Austausch mit der nebenan sitzenden Person.

Mit der Sitznachbarin oder dem Sitznachbarn soll im Anschluss folgende Frage diskutiert werden: Wie stelle ich leistungsunabhängige Anerkennung für alle Schüler*innen in meinem Unterricht sicher?

Feedback ist die gängigste Form der Anerkennung einer Leistung. Damit verbunden ist die Vorstellung, dass Feedback als Hilfe zur Selbsthilfe dient. Feedback kann unterschiedliche Formen annehmen: direkt, indirekt, mündlich, schriftlich, einmalig, mehrmalig, summativ, formativ, individuell, kollektiv und nicht zuletzt konstruktiv oder nicht konstruktiv (Resch 2019). Wichtig ist es, Feedback als Anerkennung einer Leistung von der Beurteilung abzugrenzen, denn durch Feedback sollen Beobachtungen, Wahrnehmungen oder Verbesserungspotenziale aufgezeigt werden. Es soll an den Lernbedürfnissen der Schüler*innen ansetzen und zeitnah zur Leistung erfolgen. Zudem können Schüler*innen Selbstvertrauen und Motivation gewinnen, an ihren Aufgaben weiterzuarbeiten (Hattie & Timperley 2007; Sadler 2010). In den letzten zehn Jahren hat sich das Konzept des „Feedforward" entwickelt (Hattie & Timperley 2007, S. 87), das zukunftsorientierten Fragen mehr Gewicht als vergangenheitsorientierten Fragen verleiht. Feedforward gibt Lernenden Hinweise, wie sie sich in Zukunft verbessern können. Damit werden persönliche Entwicklungsprozesse angestoßen. Feedforward kann demnach zu einem Schlüssel in der Lehr- und Lernkultur werden und systemisch dabei helfen, in Schulen eine Feedbackkultur zu etablieren (Buhren 2015).

Das Fallbeispiel zeigt jedoch ausschließlich ein leistungsorientiertes Anerkennungsgeschehen auf und gibt darüber hinaus keine Hinweise auf die Anerkennung Julias als Person.

6.4 Fallbeispiel „Frau Prizzi und Pako"

Das positive Fallbeispiel soll in diesem Abschnitt mit einem negativen Beispiel kontrastiert werden. Das negative Fallbeispiel stammt aus dem Englischunterricht einer ersten Klasse Mittelschule in Südtirol (Agostini 2016). Im Zentrum der Erzählung stehen die Englischlehrerin Frau Prizzi und der Schüler Pako:

„Schnellen Schrittes betritt Frau Prizzi das Klassenzimmer. „Please, take your workbook out!“, ordnet sie an die Klasse gewandt an. Die Schülerinnen und Schüler ziehen ihre Übungshefte aus ihrem Ablagefach unter dem Tisch oder der Schultasche hervor. Mit gebeugtem Rücken und gesenktem Kopf zieht Frau Prizzi ihre Runde durch die Klasse und wirft einen schnellen Blick in die geöffneten Hefte. Am Tisch von Pako angelangt, richtet sie sich kerzengerade auf: „Nicht schon wieder!“, seufzt sie laut. Auf dem Tisch von Pako liegt kein Heft. Ratlos löst Pako die Augen von seiner Schulbank und sieht Frau Prizzi an. „You are at 2,5. Next time it's a five!“, stößt diese mit schriller Stimme aus. An die Klasse gewandt erklärt sie: „We correct it very quickly, so we start now with number 10.“ Einige Arme schnellen in die Höhe. Frau Prizzi ruft unterschiedliche Schülerinnen und Schüler auf, und diese lesen abwechselnd Sätze des Lückentextes vor. Pako nicht. Er sitzt zusammengesunken auf seinem Stuhl, hat die langen Beine angezogen und die Hände unter der Schulbank versteckt. „Pako, you can do it, even if you don't have the homework”, hallt es durch die Klasse. Pako schreckt auf und versucht, einen Blick in das Heft seines Mitschülers zu erhaschen. Eilig nimmt er sein Workbook aus der Schultasche und löst stockend eine Übung. Nach der Verbesserung der Hausaufgaben gibt Frau Prizzi noch einige Hinweise für die bevorstehende Schularbeit: „Damit sich die schwachen Schüler etwas besser vorbereiten können“, betont sie mit einem Seitenblick zu Pako. Pakos Augen kleben an seinem Tisch. Er rührt sich nicht. Erst als die Lehrerin Anweisungen für eine Übungsaufgabe gibt, die in der Klasse gelöst werden soll, nimmt auch er ein weißes Blatt aus seiner Mappe, legt es vor sich auf den Tisch und überträgt eine Übung aus dem Buch auf sein Blatt. Eine weitere Runde in der Klasse drehend, wirft Frau Prizzi von hinten einen Blick in Pakos Heft. Erneut stößt sie einen tiefen Seufzer aus: „Nicht bei jedem Satz eine neue Zeile nehmen, ansonsten gibt's eine Einkaufsliste!“, ruft sie genervt aus. Nach einer kurzen Pause fügt sie hinzu: „Ist das für alle klar?“‘‘

6.5 Diskussion des Fallbeispiels

Diskussion in Kleingruppen: Die Schüler*innen oder Studierenden lesen das Fallbeispiel in Kleingruppen und beantworten anschließend die Diskussionsfragen.

Diskussionsfragen:

- Welches Anerkennungsgeschehen löst Frau Prizzi mit der Aussage „Nicht schon wieder!“ aus?
- Wann gibt Frau Prizzi eine sachbezogene bzw. eine personenbezogene Rückmeldung an Pako?
- Wie reagieren die anwesenden Mitschüler*innen auf das Geschehen?
- Welche Aussagen oder Handlungen der Lehrerin führen zu einem Gesichtsverlust von Pako? Wie äußert sich dieser?
- Es zeigt sich, wie schwierig es in manchen Unterrichtssituationen sein kann, ein positives Anerkennungsgeschehen zu forcieren. Anerkennung vollzieht sich nicht von selbst, sondern muss als bewusste Handlung gelebt werden (Ricken 2006).

Schreibübung: Die Schüler*innen oder Studierenden erhalten die Aufgabe, die Vignette aus anerkennungsethischer Sicht umzuschreiben. Sie müssen dazu in Kleingruppen von drei bis vier Personen ein „counter-narrative" schreiben und die Situation so darstellen, als hätte Pako Bestätigung und Wertschätzung durch seine Lehrerin erfahren. Wie könnte diese Situation in ein positives Anerkennungsgeschehen umgewandelt werden? Beim Schreiben der „counter-narratives" sollen jedenfalls die Mitschüler*innen im Sinne einer solidarischen Anerkennung eine aktive Rolle in der Geschichte erhalten. Die Schreibaufgabe kann alternativ als individuelle Hausaufgabe gelöst werden. Die Geschichten, die zu Hause geschrieben werden, bringen die Lernenden dann am darauffolgenden Unterrichtstag mit und lesen sie vor.

Theaterpädagogische Übung: Angelehnt an das „Theater der Unterdrückten" können Schüler*innen oder Studierende die „counter narratives" theaterpädagogisch umsetzen und nachspielen. Der Ausgangspunkt eines „Theaters der Unterdrückten" in Anlehnung an Augusto Boal soll nicht in der Vergangenheit einer Situation liegen, sondern in der Zukunft und deren Möglichkeiten, die Situation unter Zuhilfenahme von partizipatorischen Theatermethoden gemeinsam mit den Beteiligten umzudeuten. Möglichst viele Mitschüler*innen können in der Szene eine Rolle spielen. Wer sich aktiv an der Szene beteiligt, lernt dabei, passiven Rollen in negativen Anerkennungssituationen zu entkommen und in realen Situationen Zivilcourage zu zeigen.

In dieser Vignette wird deutlich, dass Pako bereits *vor* der Unterrichtseinheit die Anerkennung der Lehrerin verloren hat und dass das negative Anerkennungsgeschehen seinen Lauf nimmt – wie womöglich auch in den Unterrichtseinheiten davor. Durch den Ausspruch der Lehrerin „Nicht schon wieder!" zeigt sich, dass sich das Geschehen wiederholt und Pako bereits vor der geschilderten Situation die Anerkennung der Lehrerin verloren hat. Die Missbilligung seiner Person und Leistung sind fortgesetzte negative Anerkennungsgeschehen – sowohl Pako als auch Frau Prizzi erwarten sie bereits. Die Vignette zeigt deshalb die Performanz einer fortgesetzten Abwertung und Stigmatisierung.

Nicht-anerkennende Kommunikation kann sowohl verbale als auch nonverbale Formen annehmen, denn Pako verstummt in Hinblick auf die Fragen der Lehrerin. Tabelle 5 veranschaulicht einige Beispiele dieser Kommunikationsformen.

Durch die Formulierung der Lehrerin *„You are at level 2,5"* ist unklar, ob es sich um eine sachbezogene oder personenbezogene Rückmeldung handelt. Sie teilt dem Schüler damit seine derzeitige Bewertung mit (2,5 von 5) und droht ihm indirekt mit einer Verschlechterung. Die schrille Stimme trägt

Tabelle 5: Anerkennende versus nicht-anerkennende Kommunikation

	Anerkennende Kommunikation	**Nicht-anerkennende Kommunikation**
Verbale Kommunikation	▪ Loben ▪ Nachfragen ▪ positives, konstruktives Feedback ▪ Aufforderungen zur aktiven Teilnahme ▪ Artikulieren von Bedürfnissen	▪ Drohungen ▪ Kategorisierungen und Stigmatisierung (z.B. schwache Schüler*innen) ▪ Beleidigungen ▪ verbale Geringschätzung
Non-verbale Kommunikation	▪ Lächeln, Anlächeln ▪ Klatschen, Jubeln ▪ positive Berührungen, Nähe ▪ auf die Schulter klopfen ▪ einladende Handbewegungen ▪ Daumen nach oben zeigen	▪ Seufzen ▪ schrille oder genervte Stimme oder Tonlage ▪ abweisende Körperhaltung ▪ Daumen nach unten zeigen ▪ Augenverdrehen ▪ drohende Blicke

Quelle: Eigene Darstellung

sicherlich dazu bei, dass sich Pako eher bedroht als anerkannt fühlt. Dies führt dazu, dass er sich nicht mehr am Unterricht beteiligt und verstummt. Er arbeitet weder beim Lesen der Sätze des Lückentextes mit, noch meldet er sich freiwillig. Seine Körperhaltung zeigt Resignation gegenüber des sich wiederholenden Musters der Missbilligung. Ausschlüsse, ob direkt oder indirekt, sind selektiv und segregierend und daher aus einer Inklusionsperspektive kritisch zu betrachten. Seine gesenkte Körperhaltung deutet aber auf einen Gesichtsverlust vor der Klasse hin, die sich nicht solidarisch zeigt. Wenn Personen Situationen unangenehm sind, dann vermeiden sie den Blickkontakt mit anderen, da der direkte, visuelle Kontakt die peinliche Situation nur verstärken und einen Gesichtsverlust bedeuten würde. Pako sitzt mit gesenktem Kopf in der Klasse, um keinen (weiteren) Gesichtsverlust zu erleiden. Er versucht, sein Gesicht zu wahren, denn ein gewahrtes Gesicht ist für die emotionale und soziale Identität wichtig (Ting-Toomey 2004). Die Lehrerin bringt ihn allerdings durch ihre Zugewandtheit und Adressierung immer wieder in die gewisse, erzwungene Sichtbarkeit, die ihn vor der Klassengemeinschaft exponiert.

Der nächste Ausspruch der Lehrerin *„Pako you can do it, even if you don't have the homework"* ist der Versuch der Lehrerin, Pako wieder ins Unterrichtsgeschehen zu integrieren. Hier zeigt sich die Zerrissenheit der Lehrerin, die sich einerseits über den Schüler ärgert, aber andererseits weiß, dass er ohne Anerkennung nicht lernen kann. Die Solidarität der Klasse fehlt vollkommen. Keiner der Mitschüler*innen unternimmt einen Versuch, Solidarität herzustellen. Es ist zudem unklar, ob der Sitznachbar Pako in sein Workbook sehen lässt. Wie bereits festgestellt, können emotionale Zuwendung der Lehrperson und Solidarität unter Mitschüler*innen nicht sozial erzwungen werden. Dies zeigt die Verschränkung von pädagogischer Fürsorgepflicht (Kapitel 3) und Anerkennung auf. Anerkennung ist (Für)Sorgearbeit der Gemeinschaft. Wo sind Pakos soziale Ressourcen innerhalb der Klassengemeinschaft? Welche Formen der Solidarität ließen sich finden?

Die bewusste Verwendung von anerkennender Sprache ist ein zentraler Punkt einer inklusionsorientierten Entwicklung. Da Kinder einen Großteil ihres Alltags in pädagogischen Institutionen verbringen, brauchen sie dort „kontinuierliche, fürsorgliche und Anerkennung zusichernde Beziehungen" (Simon 2012, S. 4). Inklusion würde bedeuten, Pako nach den Gründen für sein Verhalten zu fragen, anstatt anzunehmen, diese bereits zu kennen, und ihn dabei zu unterstützen, weiter zu lernen. Anerkennung wird deshalb erst in der Auseinandersetzung mit anderen deutlich und in der Lücke von Anerkennung und Entzug dieser Anerkennung (Ricken 2017). Anerkennung wird nicht lediglich für Eigenschaften vergeben, die sich darauf beziehen können, wer jemand ist oder wie jemand handelt, sondern: Anerkennung ist an gesellschaftliche Normen und Werte gekoppelt, die sich im schulischen Bereich etwa in Leistungsnormen ausdrücken, und so spezifische Erwartungen an Schüler*innen stellen. Werden diese Normen erfüllt, erfolgt Anerkennung. Hierin zeigt sich die Ambivalenz der Anerkennung, denn sie bedeutet, sich diesen Normen zu einem gewissen Grad zu unterwerfen. Ricken (2017) hinterfragt diese normative Perspektive auf Anerkennung kritisch und plädiert für mehr Analytik in der Reflexion pädagogischer Praxis der (Nicht-)Anerkennung. Diesen Weg konsequent zu verfolgen, stellt eine große Herausforderung dar und bedarf einiger grundlegender Veränderungen in der Schulpolitik und der Gesellschaft.

Abschließende Übung in der großen Gruppe: Führen Sie abschließend eine Übung zur Stärkung der Anerkennung in der Gruppe durch. Jede Person erhält ein Papier eines Flipcharts, das ihm oder ihr auf den Rücken geklebt wird. Dann erhalten alle Teilnehmenden Stifte und die Aufgabe, jeder Person, zu der ihnen etwas Positives einfällt, auf das Flipchart auf den jeweiligen Rücken der Person zu schreiben. Dabei könnten die Teilnehmenden in folgenden Kategorien denken: Anerkennung der Person, Anerkennung der Leistung, Anerkennung durch Mehrarbeit, Anerkennung in der Öffentlichkeit, direktes Lob oder nonverbale Anerkennung (etwa in Form von Zeichnungen oder Emojis). Jede Person soll Bestätigung erhalten. Sollte ein Flipchart einer Person (eher) leer bleiben, dann kann die Lehrperson erste Anregungen und anerkennende Worte darauf notieren. Die Übung funktioniert am besten in Gruppen, die sich bereits (gut) kennen.

6.6 Fazit: Inklusion und Anerkennung in der Schule

Es ist in pädagogischen Beziehungen zentral, dass sich Lehrpersonen für ihre Schüler*innen interessieren und dies auch signalisieren (können). Sowohl Lehrpersonen und Schüler*innen als auch Schüler*innen untereinander leisten einen erheblichen Beitrag zu einer anerkennenden Kommunikation und Inklusion in der Schule, indem sie sich einander emotional zuwenden und soziale Wertschätzung erfahrbar machen. Dies kann in Peer-Gruppen erfolgen, die u.a. durch vertrauensvolle Freundschaften, das Teilen von Geheimnissen oder das Aussprechen von Einladungen solidarische Anerkennung verteilen. In diesen relationalen Anerkennungsbeziehungen erlangen Schüler*innen Selbstwert und Selbstachtung. Wenn sie allerdings separiert, marginalisiert oder exkludiert werden, kann Inklusion und Anerkennung in der Schule nicht stattfinden.

Graumann (2014) argumentiert, dass sich die Pädagogik u.a. am Geist der UN-BRK orientieren soll (Abschnitt 2.1). Auf der Ebene der Anerkennung bedeutet das eine Anerkennung der Person mit gleichen Rechten zur Teilhabe und Teilnahme sowie den „Verzicht darauf, den anderen nur unter dem Aspekt der Bedeutsamkeit zu sehen, die er in *meinem* Lebenszusammenhang hat“ (Spaemann 1996, S. 197).

Eine inklusive Schule wird daher als emotionaler, moralischer und wertschätzender Anerkennungsraum verstanden, den es gemeinsam zu gestalten gilt (Reisenauer & Ulseß-Schurda 2016).

Literaturverzeichnis

Agostini, E. (2016). Zwischenräume des Nicht-mehr und Noch-nicht – Soziales Lernen im Spannungsfeld von fremder Anziehung und eigener Abwehr. In Baur, S. & Peterlini, H. K. (Hrsg.). An der Seite des Lernens. Erfahrungsprotokolle aus dem Unterricht an Südtiroler Schulen – ein Forschungsbericht. Innsbruck, Wien, Bozen: Studienverlag. S. 126-129.

Agostini, E., Peterlini, H.-K., Donlic, J., Kumpusch, V., Lehner,D. & Sandner, I. (2022). Die Vignette als Übung zur Wahrnehmung. Handreichung zur Professionalisierung pädagogischen Handelns. Opladen: Verlag Barbara Budrich.

Allabauer, K. (2021). Resilienz in Schule und Lehrerbildung. *Online Journal for Research and Education* 15, S. 1-11.

Allen, J. M., & Wright, S. E. (2014). Integrating theory and practice in the pre-service teacher education practicum. *Teachers and Teaching: Theory and Practice* 20 (2), S. 136–151.

Andorno, P. & Christensen, B. (2014). Menschenwürde. In Lenk, C., Duttge, G. & Fangerau, H. (Hrsg.). Handbuch Ethik und Recht der Forschung am Menschen. Berlin Heidelberg: Springer. S. 197-200.

Antor, G. (2009). Menschenwürde. In Dederich, M. & Jantzen, W. (Hrsg.). Behinderung und Anerkennung. Stuttgart: Kohlhammer. S. 134-143.

Auer, P. (2003). Code-switching in conversation: Language, interaction and identity. London: Routledge.

Bastian, J., Combe, A., Reh, S. (2002). Professionalisierung und Schulentwicklung. *Zeitschrift für Erziehungswissenschaft* 5 (3), S. 417-435.

Benner, A. D., Boyle, A. E. & Bakhtiari, F. (2017). Understanding Students' Transition to High School: Demographic Variation and the Role of Supportive Relationships. *Journal of Youth and Adolescence* 46 (10), S. 2129-2142.

Bjegac, V. (2020). Sprache und (Subjekt-)Bildung. Selbst-Positionierungen mehrsprachiger Jugendlicher im Bildungskontext. Opladen, Berlin: Verlag Barbara Budrich.

Bielefeldt, H. (2010). Das Diskriminierungsverbot als Menschenrechtsprinzip. In Hormel, U. & Scherr, A. (Hrsg.). Diskriminierung. Grundlagen und Forschungsergebnisse. Wiesbaden: VS Verlag für Sozialwissenschaften. S. 21–34.

Bielefeldt, H. (2012). Inklusion als Menschenrechtsprinzip. Perspektiven der UN-Behindertenrechtskonvention. In Moser, V. & Hoster, D. (Hrsg.). Ethik der Behindertenpädagogik. Menschenrechte, Menschenwürde, Behinderung. Stuttgart: Kohlhammer. S. 149-159.

Biewer, G. (2010). Grundlagen der Heilpädagogik und Inklusiven Pädagogik. Bad Heilbrunn: Klinkhardt.

Biewer, G., Proyer, M., Kremsner, G. (2019). Inklusive Schule und Vielfalt. Stuttgart: Kohlhammer.

Bohnsack, F. (2013). Wie Schüler die Schule erleben. Zur Bedeutung der Anerkennung, der Bestätigung und der Akzeptanz von Schwäche. Opladen, Berlin, Toronto: Verlag Barbara Budrich.

Bourdieu, P. (1997). Die verborgenen Mechanismen der Macht. Hamburg: VSA-Verlag.

Brake, A. & Büchner, P. (2012). Bildung und soziale Ungleichheit. Eine Einführung. Stuttgart: Kohlhammer Verlag.

Brückner, M. (2001). Geschlechterverhältnisse im Spannungsfeld von Liebe, Fürsorge und Gewalt. In Brückner, M. & Böhnisch, L. (Hrsg.). Geschlechterverhältnisse. Gesellschaftliche Konstruktion und Perspektiven ihrer Veränderung. Weinheim, München: Juventa Verlag. S. 119-178.

Brumlik, M. (2013). Kindeswohl und advokatorische Ethik. *EthikJournal* 1(2), S. 1-14.

Buhren, C. (2015). Handbuch Feedback in der Schule. Weinheim, Basel: Beltz.

Bundesverfassungsgesetz über die Rechte von Kindern (2011). Abrufbar unter: https://www.parlament.gv.at/PAKT/VHG/XXIV/BNR/BNR_00335/index.shtml. Zugegriffen am 20.03.2022.

Castro Varela, M. & Mercheril, P. (2010). Anerkennung als erziehungswissenschaftliche Referenz? Herrschaftskritische und identitätsskeptische Anmerkungen. In Schäfer, A. & Thompson, C. (Hrsg.). Anerkennung. Paderborn: Ferdinand Schöningh. S. 89-118.

Christiansen, H. (2020). Schulentwicklung. Proaktiv, kreativ, effektiv. Rückenwind für Schulleitungen. Münster: Waxmann.

Conradi, E. (2001). Take Care. Grundlagen einer Ethik der Achtsamkeit. Frankfurt am Main: Campus Verlag.

Conradi, E. (2012). Selbstbestimmung durch Achtsamkeit. In Moser, V. & Horster, D. (Hrsg.). Ethik der Behindertenpädagogik. Stuttgart: Kohlhammer. S. 167-183.

Czollek, L., C., Perko, G. & Weinbach, H. (2012). Theoriebezüge des Social Justice und Diversity Trainings. In Czollek, L., C., Perko, G. & Weinbach, H. (Hrsg.). Praxishandbuch Social Justice und Diversity. Theorien, Training, Methoden, Übungen. Beltz: Juventa. S. 18-39.

Czollek, L., C., Perko, G. & Weinbach, H. (2012). Praxishandbuch Social Justice und Diversity. Theorien, Training, Methoden, Übungen. Beltz: Juventa.

Datler, W. & Strachota, A. (2019). Wenn der Wunsch nach Klarheit zur Krise führt: Bemerkungen über Nähe und Distanz in der beratenden Begleitung von Eltern, die sich mit pränataler Diagnostik konfrontiert sehen. In M. Dörr (Hg.). Nähe und Distanz: Ein Spannungsfeld pädagogischer Professionalität. Weinheim, Basel: Beltz Juventa. S. 217-234.

Dederich, M. (2007a). Körper, Kultur und Behinderung. Eine Einführung in die Disability Studies. Bielefeld: transcript Verlag.

Dederich, M. (2007b). Ethik, Menschenwürde. In Theunissen, G., Kulig, W. & Schirbort, K. (Hrsg.). Handlexikon Geistige Behinderung. Schlüsselbegriffe aus der Heil- und Sonderpädagogik, Sozialen Arbeit, Medizin, Psychologie, Soziologie und Sozialpolitik. Stuttgart: Kohlhammer. S. 109-111.

Dierckx, H., Wagner, D. & Jakob, S. (2018). Intersektionalität und Biografie. Interdisziplinäre Zugänge zu Theorie, Methode und Forschung. Opladen, Berlin, Toronto: Verlag Barbara Budrich.

Dirim, İ. & Mecheril, P. (2010). Die Sprache(n) der Migrationsgesellschaft. In P. Mecheril, M. Castro Varela, İ. Dirim, A. Kalpaka, & C. Melter (Hrsg.). Migrationspädagogik. Weinheim, Basel: Beltz Verlag. S. 99-120.

Dirim, I., Müller, B. & Schweiger, H. (2022). Deutschförderklassen in Österreich. *Journal für Schulentwicklung* (4), S. 30-35.

Donlic, J., Jaksche-Hoffman, E., Peterlini, H. K. (2019). Ist inklusive Schule möglich?: Nationale und internationale Perspektiven. Bielefeld: transcript Verlag.

Döpfner, M., Fröhlich, J. & Lehmkuhl, G. (2013). Aufmerksamkeitsdefizit-/ Hyperaktivitätsstörung (ADHS). Göttingen: Hogrefe Verlag.

Durkheim, E. (1992). Über soziale Arbeitsteilung. Studie über die Organisation höherer Gesellschaften. Frankfurt am Main: Suhrkamp.

Eckstein, B. (2018). Gestörter Unterricht: Wie Lehrpersonen, Schülerinnen und Schüler Unterrichtsstörungen wahrnehmen, deuten, bewerten und beschreiben. Zürich: Universität Zürich.

Ellger-Rüttgardt, S. (2019). Geschichte der Sonderpädagogik. München: UTB.

Faldet, A.-C. & Nes, K. (2021). Valuing vulnerable children's voices in educational research. International Journal of Inclusive Education. https://doi.org/10.1080/13603116.2021.1956602.

Feder Kittay, E. (2004). Behinderung und das Konzept der Care Ethik. In Graumann, S., Grüber, K. Nicklas-Faust, J., Schmidt, S. & Wagner-Kern, M. (Hrsg.). Ethik und Behinderung – ein Perspektivenwechsel. Frankfurt am Main: Campus Verlag. S. 67-80.

Feuser, G. (2009). Naturalistische Dogmen: Unerziehbarkeit, Unverständlichkeit, Bildungsunfähigkeit. In Dederich, M. & Jantzen, W. (Hrsg.). Behinderung und Anerkennung. Band 2 des Enzyklopädischen Handbuchs der Behindertenpädagogik: Behinderung, Bildung, Partizipation. Stuttgart: Kohlhammer. S. 233-289.

Feuser, G. (2011). Advokatorische Assistenz. In: Erzmann, T. & Feuser, G. (Hrsg.). „Ich fühle mich wie ein Vogel, der aus dem Nest fliegt." Menschen mit Behinderungen in der Erwachsenenbildung. Band 6 der Reihe Behindertenpädagogik und Integration. Frankfurt am Main: Verlag Peter Lang. S. 203-218.

Foitzik, A., Holland-Cunz, M., Riecke, C. (2019). Praxisbuch Diskriminierungskritische Schule. Weinheim: Beltz Verlag.

Füllekruss, D. & Dirim, I. (2020). Zugehörigkeitstheoretische und sprachdidaktische Reflexionen separierter Deutschfördermaßnahmen. In Karakayali, J. (Hg.). Unterscheiden und Trennen. Die Herstellung natio-ethno-kultureller Differenz und Segregation in der Schule. Weinheim, Basel: Beltz. S. 68-84.

Geiger, G. & Lengsfeld, M. (2014). Inklusion – ein Menschenrecht. Was hat sich getan, was kann man tun? Leverkusen-Opladen: Verlag Barbara Budrich.

Giesinger, J. (2007). Was heißt Bildungsgerechtigkeit? *Zeitschrift für Pädagogik* 53(3), S. 362-381.

Giesinger, J. (2015). Bildungsgerechtigkeit: Begrifflichkeiten, Konzepte, Geschichte. Vortrag im Rahmen des Workshops „Bildungsgerechtigkeit: ein erfüllbarer Anspruch?", Österreichische Forschungsgemeinschaft.

Gitschthaler, M., Kast, J., Corazza, R. & Schwab, S. (2021a). Resources of Inclusive Education in Austria: An Insight into the Perceptions of Teachers. In J. Goldan, J. Lambrecht & Loreman, T. (Hrsg.). Resourcing Inclusive Education. Bingley: Emerald Publishing. S. 67-88.

Gitschthaler, M., Kast, J., Corazza, R. & Schwab, S. (2021b). Inclusion of multilingual students-teachers' perceptions on language support models. *International Journal of Inclusive Education*. https://doi.org/10.1080/13603116.2021.2011439.
Gitschthaler, M., Erling, E. J., Stefan, K. & Schwab, S. (2022). Teaching Multilingual Students During the COVID-19 Pandemic in Austria: Teachers' Perceptions of Barriers to Distance Learning. *Educational Psychology*. https://doi.org/10.3389/fpsyg.2022.805530.
Gogolin, I. (1994). Der monolinguale Habitus der multilingualen Schule. Münster, New York, München, Berlin: Waxmann.
Goffman, E. (1967). Stigma. Über Techniken der Bewältigung beschädigter Identität. Frankfurt am Main: Suhrkamp.
Gomolla, M. & Radtke, F.-O. (2009). Institutionelle Diskriminierung. In Gomolla, M. & Radtke, F.-O. (Hrsg.). Institutionelle Diskriminierung. Die Herstellung ethnischer Differenz in der Schule. Wiesbaden: Springer. S. 35-58.
Graumann, O. (2018). Inklusion – eine unerfüllbare Vision? Eine kritische Bestandsaufnahme. Opladen: Verlag Barbara Budrich.
Graumann, S. (2006). Sind wir dazu verpflichtet, für das Wohlergehen anderer zu sorgen? *Sonderpädagogische Förderung* (1), S. 5-22.
Graumann, S. (2014). Inklusion und Anerkennung. Vortrag im Rahmen der Ringvorlesung „Behinderung ohne Behinderte?! Perspektiven der Disability Studies". Universität Hamburg. 25.06.2014. https://www.zedis-ev-hochschule-hh.de/files/inklusion_und__anerkennung.pdf. Zugegriffen am 09.12.2022.
Greil, F. (2016). Umgang mit Diversität. Untersuchung von Faktoren auf dem Weg zur Bildungsgerechtigkeit. Wien: Universität Wien.
Gummich, J. (2015). Verflechtungen von Rassismus und Ableismus. Anmerkungen zu einem vernachlässigten Diskurs. In Schnell, I. (Hg.). Herausforderung Inklusion. Theorie und Praxis. Bad Heilbrunn: Klinkhardt. S. 143-154.
Gumpoldsberger, H. & Sommer-Binder, G. (2022). Bildung in Zahlen 2020/21. Tabellenband. Statistik Austria. https://www.statistik.at/fileadmin/publications/BIZ_2020-21_Tabellenband.pdf. Zugegriffen am 09.12.2022.
Hartwig, S. (2020). Behinderung. Kulturwissenschaftliches Handbuch. Stuttgart: Metzler Verlag.
Heimlich, U. (2020). Schulen mit dem Profil Inklusion. In Heimlich, U. & Kiel, E. (Hrsg.). Studienbuch Inklusion. Ein Wegweiser für die Lehrerbildung. Bad Heilbrunn: Julius Klinkhardt. S. 210-220.
Herzog-Punzenberger, B. (2017). Policy Brief #5. Segregation – oder die Vielfalt in den Schulklassen? Wien: Arbeiterkammer Wien. https://www.arbeiterkammer.at/infopool/wien/PB05_Segregation.pdf. Zugegriffen am 09.12.2022.
Höhne, E. (2006). Pädagogik und Ethik. Eine vergleichende Analyse zum Umgang mit normativen Fragen in der Erziehungswissenschaft und der Moralphilosophie. Dresden: TUDpress.
Holl, A. (2018). AD(H)S: Was Grundschullehrer tun können. Hamburg: AOL-Verlag.
Homel, U. & Scherr, A. (2010). Diskriminierung. Grundlagen und Forschungsergebnisse. Wiesbaden: VS Verlag für Sozialwissenschaften.
Honneth, A. (1994). Kampf um Anerkennung. Zur moralischen Grammatik sozialer Konflikte. Frankfurt am Main: Suhrkamp.
Honneth, A. (2003). Umverteilung als Anerkennung. Eine Erwiderung auf Nancy Fraser. In Fraser, N. & Honneth, A. (Hrsg.) Umverteilung oder Anerkennung?

Eine politisch-philosophische Kontroverse. Frankfurt am Main: Suhrkamp. S. 129-225.
Honneth, A. (2004). Anerkennung als Ideologie. *WestEnd* 1(1), S. 51-70.
Hattie, J. & Timperley, H. (2007). The power of feedback. *Review of Educational Research* 77(1), S. 81-112.
Keller, G. (2008). Disziplinmanagement in der Schulklasse. Unterrichtsstörungen vorbeugen – Unterrichtsstörungen bewältigen. Bern: Huber Verlag.
Kemper, A. & Weinbach, H. (2022). Klassismus. Eine Einführung. Münster: UNRAST Verlag.
Kirste, S. (2018). Die Dogmatik der Würde der Menschen in der Rechtsprechung des Bundesverfassungsgerichts. In Kirste, S., Gonzaga De Souza, D. & Sarlet, I. W. (Hrsg.). Menschenwürde im 21. Jahrhundert. Dignidade Humana no Século XXI. Untersuchungen zu den philosophischen, völker- und verfassungsrechtlichen Grundlagen in Brasilien, Deutschland und Österreich. München: Nomos Verlagsgesellschaft. S. 117- 142.
Kohlen, H. & Kumbruck, C. (2008). Care-(Ethik) und das Ethos fürsorglicher Praxis. Bremen: Universität Bremen.
Köbsell, S. (2015). Ableism – Neue Qualität oder ‚alter Wein' in neuen Schläuchen? In Attia, I., Köbsell, S. & Prasad, N. (Hrsg.). Dominanzkultur reloaded – Neue Texte zu gesellschaftlichen Machtverhältnissen und ihren Wechselwirkungen. Bielefeld: Transcript. S. 21-34.
Köpfer, A., Powell, J. & Zahnd, R. (2021). Handbuch Inklusion international. Globale, nationale und lokale Perspektiven auf Inklusive Bildung. Opladen, Berlin, Toronto: Verlag Barbara Budrich.
Kruse, S. D. & Louis, K. S. (2009). Building strong school cultures: A guide to leading change. American Association of School Administrators: Corwin Press.
Kunze, A. (2014). Zu diesem Heft. Integrationserwartungen an Schule. Engagement. *Zeitschrift für Erziehung und Schule* 32(1), S. 1-3.
Lindmeier, B. & Lindmeier, C. (2012). Pädagogik bei Behinderung und Benachteiligung. Band 1: Grundlagen. Stuttgart: Kohlhammer.
Lindmeier, C. (2018). Bildungsgerechtigkeit und Inklusion. Eine theoretische Skizze. *Sonderpädagogische Förderung* 63(2), S. 158-171.
Mai, J. (2020). Resilienzfaktoren: Die 7 Säulen der Resilienz. https://karrierebibel.de/resilienzfaktoren/#Was-sind-die-7-Saeulen-der-Resilienz. Zugegriffen am 09.12.2022.
Maskos, R. (2011). „Bist Du behindert oder was?!" Behinderung, Ableism und souveräne Bürger_innen. Vortrag im Rahmen der Ringvorlesung »Jenseits der Geschlechtergrenzen« der AG Queer Studies und der Ringvorlesung »Behinderung ohne Behinderte!? Perspektiven der Disability Studies«, Universität Hamburg (14.12.2011), https://www.zedis-ev-hochschule-hh.de/files/maskos_14122011.pdf. Zugegriffen am 09.12.2022.
Mecheril, P. (2005). Pädagogik der Anerkennung. Eine programmatische Kritik. In Hamburger, F., Badawia, T. & Hummrich, M. (Hrsg.). Migration und Bildung. Über das Verhältnis von Anerkennung und Zumutung in der Einwanderungsgesellschaft. Wiesbaden: VS Verlag für Sozialwissenschaften. S. 311-328.
Müller, A. (2018): Diskriminierung im Kontext von Behinderung, sozialer Lage und Geschlecht: Eine qualitative Analyse im Anschluss an Pierre Bourdieu. Bielefeld: Transcript Verlag.

Neubauer, W. (2017). Konflikte und Konfliktbewältigung im Unterricht. In Schweer, M.K.W. (Hg.). Lehrer-Schüler-Interaktion. Inhaltsfelder, Forschungsperspektiven und methodische Zugänge. Wiesbaden: Springer VS. S. 417-433.

Niehoff, U. (2005). Care-Ethics oder Ethik der Achtsamkeit. *Behinderte in Familie, Schule und Gesellschaft* (2), S. 1-10.

Noddings, N. (1984). Caring – A Feminine Approach to Ethics and Moral Education. Berkeley, California: University of California Press.

Noddings, N. (2006). Caring as relation and virtue in teaching. In: Working Virtue. Virtue Ethics and Contemporary Moral Problems. Oxford: Oxford University Press.

Noddings, N. (2009). Care. In Andresen, S., Casale, R., Gabriel, T., Horlacher, R., Larcher Klee, S. & Oelkers, J. (Hrsg.). Handwörterbuch Erziehungswissenschaft. Weinheim: Beltz Verlag. S. 106-117.

Nollmann, G. (2004). Leben wir in einer Leistungsgesellschaft? Neue Forschungsergebnisse zu einem scheinbar vertrauten Thema. *Österreichische Zeitschrift für Soziologie* 29(3), S. 24-48.

Oksaar, E. (2003). Zweitspracherwerb. Wege zur Mehrsprachigkeit und zur interkulturellen Verständigung. Stuttgart: Kohlhammer.

Oser, F. (2018). Unterrichten ohne Ethos? In Schärer, H.-R. & Zutavern, M. (Hrsg.). Das professionelle Ethos von Lehrerinnen und Lehrern. Perspektiven und Anwendungen. Münster: Waxmann. S. 57-72.

Ozlberger, S. (2009). Pränatale Diagnostik. Bedeutung und Folgen für die pädagogische Beziehung zwischen Mutter und Kind. Graz: Karl-Franzens-Universität Graz.

Pfahl, L. (2014). Ableism. Behinderung und Befähigung auf der Spur. https://www.isl-ev.de/attachments/article/1166/B-%20Vortrag%20Lisa%20Pfahl_Ableism-Behinderung%20und%20Befa%CC%88higung%20auf%20der%20Spur.pdf. Zugegriffen am 09.12.2022.

Prengel, A. (2013). Pädagogische Beziehungen zwischen Anerkennung, Verletzung und Ambivalenz. Opladen: Budrich.

Prengel, A. (2019). Pädagogik der Vielfalt-Verschiedenheit und Gleichberechtigung in Interkultureller, Feministischer und Integrativer Pädagogik. 4. Auflage. Wiesbaden: Springer VS.

Prengel, A. (2022). Schulen inklusiv gestalten. Eine Einführung in Gründe und Handlungsmöglichkeiten. Opladen: Verlag Barbara Budrich.

Puhr, K. & Geldner, J. (2017). Eine inklusionsorientierte Schule. Erzählungen von Teilhabe, Ausgrenzungen und Behinderungen. Wiesbaden: Springer Fachmedien.

Rehaag, R. (2010). Stigmaerleben und Strategien des Stigmamanagements bei sozialbenachteiligten, übergewichtigen Jugendlichen. In Gesundheit Berlin Brandenburg (Hrsg.). Dokumentation 16. Bundesweiter Kongress Armut und Gesundheit. Verwirklichungschancen für Gesundheit. Berlin, 3.-4.12.2010.

Reich, K. (2012). Inklusion und Bildungsgerechtigkeit: Standards und Regeln zur Umsetzung einer inklusiven Schule. Weinheim: Beltz.

Reisenauer, C. & Ulseß-Schurda, N. (2016). Zwischen Sein und Werden. Rekonstruktion von Anerkennungspraktiken im schulischen Alltag von Schülerinnen und Schülern. Dissertation. Innsbruck: Leopold-Franzens-Universität Innsbruck.

Reisenauer, C. & Gerhartz-Reiter, S. (2020). Disability Studies als kritische Instanz der Schulpädagogik. Überlegungen zu Chancen und Spannungsfeldern am Beispiel pädagogischer Diagnostik. In Brehme, D., Fuchs, P., Köbsell, S. & Wesselmann, C. (Hrsg.). Disability Studies im deutschsprachigen Raum. Zwischen Emanzipation und Vereinnahmung. Weinheim, Basel: Beltz Juventa. S. 239-245.

Reiter, J. (2004). Menschenwürde als Maßstab. *Politik und Zeitgeschichte*, S. 6-13.

Resch, K. (2019). Feedback in der Hochschule und der Schule – eine Begriffsbestimmung. *Journal für LehrerInnenbildung* 19(1), S. 97-104.

Resch, K. (2021). Konfliktmanagement im Umgang mit kultureller, sozialer oder sprachlicher Vielfalt in der Schule. In Resch, K., Lindner, K.-T., Streese, B., Proyer, M., Schwab, S. (Hrsg.) Inklusive Schulentwicklung und Schulentwicklung. Theoretische Grundlagen, empirische Befunde und Praxisbeispiele aus Deutschland, Österreich und der Schweiz. Band 8 in der ÖFEB Beiträge zur Bildungsforschung. Münster: Waxmann Verlag. S. 238-247.

Resch, K., Lindner, K., Streese, B., Proyer, M., Schwab, S. (2021). Inklusive Schule und Schulentwicklung. Theoretische Grundlagen, empirische Befunde und Praxisbeispiele aus Deutschland, Österreich und der Schweiz. Band 8 in der ÖFEB Beiträge zur Bildungsforschung. Münster: Waxmann Verlag.

Resch, K. & Erling, E. J. (2023). Die spezifischen Vulnerabilitäten von Schüler*innen in Deutschförderklassen während der COVID-19 Pandemie. In Dimmel, N. & Schweiger, G. (Hrsg.). Sozial benachteiligte Kinder und Jugendliche in pandemischer Gesellschaft. Wiesbaden: Springer Verlag VS. DOI: 10.1007/978-3-658-39304-5. S. 221-234.

Resch, K., Latzko, D. (2023 in prep.). Moving up or moving on? Educational pathways of students in German language support in Austria. *British Journal of Sociology of Education.*

Ricken, N. (2006). Erziehung und Anerkennung. *Vierteljahresschrift für wissenschaftliche Pädagogik* 82(2), S. 215-230.

Ricken, N. (2015). Was heißt „jemandem gerecht werden"? Zum Problem der Anerkennungsgerechtigkeit im Kontext von Bildungsgerechtigkeit. In Manitius, V., Hermstein, B., Berkemeyer, N. & Bos, W. (Hrsg.). Zur Gerechtigkeit von Schule. Theorien, Konzepte, Analysen. Münster u.a.: Waxmann. S. 131-149.

Ricken, N. (2017). Pädagogische Professionalität und das Problem der Anerkennung. Eine kritische Relektüre. In Lindmeier, C. & Weiß, H. (Hrsg.). Pädagogische Professionalität im Spannungsfeld von sonderpädagogischer Förderung und inklusiver Bildung. Weinheim: Beltz Juventa. S. 32-50.

Röhr, H. (2009). Anerkennung. Zur Hypertrophie eines Begriffs. In Röhr, H., Ricken, N., Ruhloff, J. & Schaller, K. (Hrsg.). Umlernen. Festschrift für Käte Meyer-Drawe. München: Wilhelm Fink. S. 93-107.

Rosenberger, K. & Freudhofmayer, S. (2019). Anerkennung unter der Perspektive eines begabungsfördernden Unterrichts. Erziehung und Unterricht 1-2, S. 37-45.

Rosenthal, G. (2015). Interpretative Sozialforschung. Eine Einführung. Weinheim, München: Beltz Juventa Verlag.

Sackmann, R. (2015). Die Bedeutung institutioneller Auswahlprozesse für die Erzeugung von Bildungsungleichheit. In Helsper, W. & Krüger, H.-H. (Hrsg.). Auswahl der Bildungsklientel. Zur Herstellung von Selektivität in „exklusiven" Bildungsinstitutionen. Wiesbaden: Springer Verlag. S. 31-69.

Sadler, D. R. (2010). Beyond feedback: developing student capability in complex appraisal. *Assessment & Evaluation in Higher Education* 35(5), S. 535-550.

Scherr, A. (2011). Was meint Diskriminierung? Warum es nicht genügt, sich mit Vorurteilen auseinanderzusetzen. *Sozial Extra* 11/12(11), S. 34-38.

Schönbächler, M.-T., Makarova, E., Herzog, W., Altin, Ö., Känel, S., Lehmann, V. & Milojevic, S. (2009). Klassenmanagement und kulturelle Heterogenität: Ergebnisse 2. Forschungsbericht Nr. 37. Bern: Universität Bern.

Schrittesser, I. & Kobesova, Z. (2019). Die Bedeutung von Beziehung in der Erforschung inklusiver Übergänge von der Schule in (Aus-)Bildung und Beruf. In Fasching, H. (Hrsg.). Beziehungen in pädagogischen Arbeitsfeldern und ihren Transitionen über die Lebensalter. Bad Heilbrunn: Verlag Julius Klinkhardt. S. 79-94.

Schröer, W. (2017). Im Ungewissen: junge Erwachsene. *DJI Impulse* (1), S. 37-39.

Schwab, S. (2019). Inclusive and Special Education in Europe. *Oxford Research Encyclopedia of Education* https://oxfordre.com/education/view/10.1093/acrefore/9780190264093.001.0001/acrefore-9780190264093-e-1230. Zugegriffen am 09.12.2022.

Schwartländer, J. (1998). Menschenwürde/Personwürde. In Korff, W., Beck, L. & Mikat, P. (Hrsg.). Lexikon der Bioethik. Band 2. Gütersloher Verlagshaus. S.683-688.

Siedenbiedel, C. & Theurer, C. (2015a). Grundlagen inklusiver Bildung. Teil 1, Inklusive Unterrichtspraxis und -entwicklung. Immenhausen bei Kassel: Prolog-Verlag.

Siedenbiedel, C. & Theurer, C. (2015b). Grundlagen inklusiver Bildung. Teil 2, Entwicklung zur inklusiven Schule und Konsequenzen für die Lehrerbildung. Immenhausen bei Kassel: Prolog-Verlag.

Simon, T. (2012). Bildungsphilosophische Überlegungen zum Zusammenhang von Anerkennung und professioneller Entwicklung in der (Sonder)Pädagogik. *Zeitschrift für Inklusion* (3), https://www.inklusion-online.net/index.php/inklusion-online/article/view/58. Zugegriffen am 09.12.2022.

Spaemann, R. (1996). Personen. Versuche über den Unterschied zwischen „etwas“ und „jemand“. Stuttgart: Klett-Clotta.

Spies, A. (2019). Schulentwicklung „Im Blick“. Möglichkeiten und Grenzen professionalisierender Perspektiverweiterungen in Settings des Forschenden Lernens. In Gottuck, S., Grünheid, I., Mecheril, P. & Wolter, J. (Hrsg.). Sehen lernen und verlernen: Perspektiven pädagogischer Professionalisierung. Wiesbaden: Springer VS. S. 239-262.

Stojanov, K. (2008). Bildungsgerechtigkeit als Freiheitseinschränkung? Kritische Anmerkungen zum Gebrauch der Gerechtigkeitskategorie in der empirischen Bildungsforschung. *Zeitschrift für Pädagogik* 54(4), S. 516-531.

Strachota, A. (2010). Alles was Recht ist … Rechtsprechung im Kontext von pränataler Diagnostik und deren gesellschaftliche Auswirkungen. In Schildmann, U. (Hg.). Umgang mit Verschiedenheit in der Lebensspanne: Behinderung - Geschlecht - kultureller Hintergrund - Alter/Lebensspanne. Verlag Julius Klinkhardt. S. 63-70.

Sturm, T. & Wagner-Willi, M. (2018). Handbuch schulische Inklusion. Opladen & Toronto: Verlag Barbara Budrich.

Subasi Singh, S. (2020). Overrepresentation of immigrants in special education. A grounded theory study on the case of Austria. Bad Heilbrunn: Julius Klinkhardt.

Student, S. (2016). Schule als „Haus der Kinderrechte“. In Edelstein, W., Krappmann, L., Student, S. (Hrsg.). Kinderrechte in die Schule. Gleichheit, Schutz, Förderung, Partizipation. Schwalbach: Debus Pädagogik/Wochenschau. S. 68-75.

Ting-Toomey, S. (2004). Translating Conflict Face-Negotiation Theory into Practice. In Landis, D., Bennett, J. & Bennett, M. J. (Hrsg.). Handbook of Intercultural Training, Newbury Park, CA: SAGE Publications. S. 217–248.

Tornow, K. & Weinert, H. (1942). Erbe und Schicksal. Von geschädigten Menschen, Erbkrankheiten und deren Bekämpfung. Berlin: Alfred Metzner.

Treibel, A. (2011). Migration in modernen Gesellschaften: soziale Folgen von Einwanderung, Gastarbeit und Flucht. Weinheim: Juventa-Verlag.

Tronto, J. (1998). An Ethic of Care. Generations. *Journal of the American Society on Ag-ing* (3)22, S. 15-20.

Tronto, J. (2015). Who Cares? How to Reshape a Democratic Politics. Ithaca, NY: Cornell University Press.

Tures, A. & Neuß, N. (2017). Multiprofessionelle Perspektiven auf Inklusion. Opladen: Verlag Barbara Budrich.

Ummel, H., Wettstein, A. & Thommen, B. (2009). Der verhinderte Unterricht. *Empirische Sonderpädagogik* 1(1), S. 80-95.

UNICEF (2022). Alle Kinder haben Rechte. https://unicef.at/kinderrechte-oesterreich/kinderrechte/?gclid=Cj0KCQjwmuiTBhDoARIsAPiv6L8mBW7q8_LvvyTuEEkmE4gIJGulqhMtEdz3DRoIls8Az_HGCvRwCN8aAhWgEALw_wcB. Zugegriffen am 09.12.2022.

UNICEF-Österreich (2022). Die UN-Kinderrechtskonvention: Alle Kinder haben Rechte! https://unicef.at/kinderrechte-oesterreich/kinderrechte/

von Hentig, H. (2012). Die Schule neu denken. Eine Übung in pädagogischer Vernunft. Weinheim, Basel: Beltz Verlag.

Vosman, F. (2016). Kartographie einer Ethik der Achtsamkeit – Rezeption und Entwicklung in Europa. In Conradi, E. & Vosman, F. (Hrsg.). Praxis der Achtsamkeit. Schlüsselbegriffe der Care-Ethik. Frankfurt am Main: Campus Verlag. S. 33-51.

Wagner-Kern, M. (2009). Recht auf Leben. In Dederich, M. & Jantzen, W. (Hrsg.). Behinderung und Anerkennung. Stuttgart: Kohlhammer. S. 239-243.

Walgenbach, K. (2014). Heterogenität. Bedeutungsdimensionen eines Begriffs. In Koller, H.-C., Casale, R. & Ricken, N. (Hrsg.). Heterogenität. Zur Konjunktur eines pädagogischen Konzepts. Paderborn: Ferdinand Schöningh. S. 19-44.

Walgenbach, K. (2017). Heterogenität – Intersektionalität – Diversity. Opladen, Toronto: Verlag Barbara Budrich.

Wansing, G. (2015). Teilhabe an der Gesellschaft. Menschen mit Behinderung zwischen Inklusion und Exklusion. Wiesbaden: VS Verlag für Sozialwissenschaften.

Watkins, A. (2017). Inclusive Education and European Educational Policy. Oxford Research Encyclopedia of Education. http://education.oxfordre.com/view/10.1093/acrefore/9780190264093.001.0001/acrefore-9780190264093-e-153. Zugegriffen am 09.12.2022.

WHO Europa (1998). Gesundheit 21 – Gesundheit für alle im 21. Jahrhundert. Europäische Schriftenreihe „Gesundheit für alle“, Nr. 5. www.euro.who.int/__data/assets/pdf_file/0006/109761/EHFA5-G.pdf. Zugegriffen am 11.11.2022.

Wigger, L. (2011). Bildung und Gerechtigkeit. Eine Kritik des Diskurses um Bildungsgerechtigkeit aus bildungstheoretischer Sicht. In Manitius, V., Hermstein,

B., Berkemeyer, N. & Bos, W. (Hrsg.). Zur Gerechtigkeit von Schule. Theorien, Konzepte, Analysen. Münster u.a.: Waxmann. S. 72-92.

Winker, G. & Degele, N. (2010). Intersektionalität. Zur Analyse sozialer Ungleichheiten. Bielefeld: Transcript Verlag.

Witteck, C. 2008. Die Bedeutung der Resilienzforschung für die Sozialpädagogik. Norderstedt: Grin Verlag.

Wunder, M. (2019). Professionalität im Spannungsverhältnis von Schutz- und Freiheitsrechten. In Bundesverband der Berufsbetreuer/innen e.V. (Hrsg.). BdB-Jahrbuch 2019. Jetzt erst recht: Das Überleben der beruflichen Betreuung sichern! Hamburg: Balance Buch und Medien Verlag. S. 18-30.

Wustmann, C. (2005). Die Blickrichtung der neueren Resilienzforschung. Wie Kinder Lebensbelastungen bewältigen. *Zeitschrift für Pädagogik* 51(2), S.192-207.

Zaharna, R. S. (1989). Self shock: The double-binding challenge of identity. *International Journal of Intercultural Relations* 13, S. 501-525.

Zinsmeister, J. (2016). Diskriminierung von Menschen mit Behinderung – eine menschenrechtsbasierte Analyse. In Scherr, A., El-Mafaalani A. & Yüksel, G. (Hrsg.). Handbuch Diskriminierung. Wiesbaden: Springer Reference Sozialwissenschaften. S. 1-20.

Zwick, E. & Owandner, S. (2017). Bildungsgerechtigkeit. Maßstab ohne Maß? Überlegungen zu einer Kriteriologie aus philosophisch-theologischer Sicht. In Eckert, T. & Gniewosz, B. (Hrsg.). Bildungsgerechtigkeit. Wiesbaden: Springer Verlag. S. 3-17.

Anhang

Anhang 1. Menschenrechtsquiz

Versuchen Sie in der Gruppe, möglichst alle Felder mit Antworten zu befüllen. Recherchieren im Internet ist dabei *nicht* erlaubt.

Name eines Dokuments zum Schutz von Menschenrechten:	Ein spezielles Recht, das alle Kinder mit Behinderungen oder Migrationshintergrund haben sollten:	Eine Schwesterorganisation des Roten Kreuzes:
Eine Organisation, die für Kinderrechte eintritt:	Eine Verantwortung, die alle in Bezug auf die Menschenrechte haben:	Ein Recht, das einigen Menschen in Österreich verwehrt wird:
Eine bekannte Person, die sich für Menschenrechte engagiert:	Eine Verletzung des Rechts auf Leben:	Ein Beispiel, wie das Recht auf Privatsphäre bei Menschen mit Behinderung verletzt werden kann:
Ein Recht, das Frauen manchmal verwehrt wird:	Ein Beispiel für Diskriminierung bei Behinderung oder Migrationshintergrund:	Ein Recht, das dir persönlich mal verwehrt wurde:

Beispielhafte Auflösung

Name eines Dokuments zum Schutz von Menschenrechten: *UN-Behinderten-rechtskonvention Grundrechtecharta*	Ein spezielles Recht, das alle Kinder mit Behinderungen oder Migrationshintergrund haben sollten: *Schutz vor Diskriminierung*	Eine Schwesterorganisation des Roten Kreuzes: *Roter Halbmond*
Eine Organisation, die für Kinderrechte eintritt: *UNHCR, UNICEF, Die Möwe*	Eine Verantwortung, die alle in Bezug auf die Menschenrechte haben: *Einhaltung der Rechte, Solidarität*	Ein Recht, das einigen Menschen in Österreich verwehrt wird: *Asylrecht, Wahlrecht*
Eine bekannte Person, die sich für Menschenrechte engagiert: *Angelina Jolie, Lady Di, Nelson Mandela, Mahatma Gandhi*	Eine Verletzung des Rechts auf Leben: *Euthanasie Abtreibung Geburtenverhinderung*	Ein Beispiel, wie das Recht auf Privatsphäre bei Menschen mit Behinderung verletzt werden kann: *kein Raum für Sexualität kein autonomes Wohnen*
Ein Recht, das Frauen manchmal verwehrt wird: *Recht auf freie Meinungsäußerung Schutzrechte*	Ein Beispiel für Diskriminierung bei Behinderung oder Migrationshintergrund: *keine Barrierefreiheit bei Ärzt*innen*	Ein Recht, das dir persönlich mal verwehrt wurde: *Wahlrecht Recht, auf die Toilette zu gehen Recht auf körperliche Unversehrtheit*

Anhang 2. Memory zu Kinderrechten

Recht auf freie Meinungsäußerung und Beteiligung (Art. 12)	Jedes Kind hat das Recht, in allen Belangen, die es betrifft, seine Meinung zu sagen. Diese Meinung muss dem Alter und der Reife des Kindes entsprechend berücksichtigt werden.
Recht auf Gesundheit (Art. 24)	Jedes Kind hat das Recht auf das erreichbare Höchstmaß an Gesundheit, medizinischer Behandlung, ausreichende Nahrung, sauberes Trinkwasser, Schutz vor den Gefahren der Umweltverschmutzung und vor schädlichen Bräuchen und das Recht, zu lernen, wie man gesund lebt. Die Staaten sollen zudem sicherstellen, dass Mütter vor und nach der Entbindung angemessene Gesundheitsversorgung erhalten.

Recht auf elterliche Fürsorge (Art. 9 & 18)	Jedes Kind hat das Recht, bei seinen Eltern zu leben und von beiden Elternteilen erzogen zu werden, es sei denn, dies würde das Kindeswohl gefährden. Die Eltern sind für das Kindeswohl verantwortlich. Die Staaten haben sie dabei zu unterstützen, zum Beispiel durch die Bereitstellung von Kinderbetreuung.
Recht auf gewaltfreie Erziehung (Art. 19)	Jedes Kind hat das Recht, vor Gewalt in jeglicher Form geschützt zu werden. In Österreich ist Gewalt gegen Kinder zudem seit 1989 gesetzlich verboten.

Recht auf besondere Fürsorge und Förderung bei Behinderung (Art. 23)	Jedes Kind hat das Recht auf besondere Fürsorge, Betreuung und Förderung, falls es behindert ist. Zudem gelten natürlich auch alle anderen Rechte der KRK uneingeschränkt für Kinder mit Behinderungen.
Recht auf Spiel und Freizeit (Art. 31)	Jedes Kind hat das Recht auf Ruhe, Freizeit, Spiel, altersgemäße, aktive Erholung und freie Teilhabe am kulturellen und künstlerischen Leben.

Recht auf Gleichheit (Art. 2)	Jedes Kind hat das Recht auf alle Rechte, egal wo es lebt, wo es herkommt, welche Hautfarbe oder Religion es hat, welche Sprache es spricht, welches Geschlecht es hat, ob es eine Behinderung hat und ob es arm oder reich ist.
Recht auf Bildung (Art. 28)	Jedes Kind hat das Recht auf Bildung. Die Grundschule sollte kostenlos sein. Auch weiterführende Schulen und Hochschulen sollten allen – entsprechend ihren Fähigkeiten – zugänglich sein.

Recht auf Schutz im Krieg und auf der Flucht (Art. 38)	Jedes Kind hat das Recht auf Schutz vor Krieg und geflüchtete Kinder haben das Recht auf besonderen Schutz und Hilfe.
Recht auf Schutz vor wirtschaftlicher und sexueller Ausbeutung (Art. 34 & 36)	Jedes Kind hat das Recht auf Schutz vor sexuellem Missbrauch in allen Formen und jeglicher Form der Ausbeutung.

Anhang 3

Ordnen Sie den Beispielen die jeweilige Form der Diskriminierung zu.

- *Direkte Diskriminierung*
- *Indirekte Diskriminierung*
- *Institutionelle Diskriminierung*

1

Ein Lehrer an einer Mittelschule wird von einem Kollegen darauf angesprochen, dass er mit den Schüler*innen nach dem Unterricht Türkisch spreche und das nicht inklusionsfördernd sei. Der Lehrer ärgert sich und beruft sich im Gespräch darauf, dass das sein Bildungsauftrag als Türkischlehrer sei und gibt zu bedenken, dass er vermutlich Zustimmung erfahren hätte, wenn er als Englischlehrer in der Pause mit den Schüler*innen Englisch sprechen würde.

2

In einer zehnten Klasse fragt sich ein bisher als Junge wahrgenommener Schüler immer mehr, ob er*sie sich eher als Transfrau fühlt. In den Gesprächen unter Mitschüler*innen in der Klasse, in der Sexualität oft Thema ist, fühlt er*sie sich zunehmend unwohl und ausgeschlossen, zumal es immer wieder zu homo- und transfeindlichen Bemerkungen kommt (*Sexismus*), die allerdings nicht gegen ihn*sie direkt gerichtet sind. Weder im Unterricht noch bei den Lehrkräften findet sich ein Raum, um über die Probleme zu sprechen. Zudem fürchtet.

3

Eine 13-jährige muslimische Schülerin mit Kopftuch wird fast jede Woche von ihren Mitschüler*innen belästigt. Manche Mitschüler*innen machen sich außerhalb des Unterrichts, sobald die Lehrperson weg ist, über ihr Kopftuch lustig. Vor Kurzem haben sie sogar versucht, es ihr vom Kopf zu reißen. Die Schülerin war geschockt, konnte es aber noch festgehalten. Die Situation wurde von der Geografielehrerin unterbrochen, die in dem Moment die Klasse betrat.

Anhang 4

Geschichte zur Chancengerechtigkeit

„Es war einmal eine Forschungsgruppe, die sich aufmachte, neue Planeten zu erforschen. Als sie auf einem neuen Planeten angekommen waren, gelandet waren und sich akklimatisiert hatten, erfuhren sie, dass es auf dem Planeten einen Präsidenten gab. Den wollten die Forschenden am nächsten Tag aufsuchen und erfragen, ob sie denn die Schnabeltiere, die den Planeten bevölkerten, in verschiedenen Alltagssituationen beobachten durften. Es gab zwei Arten von Schnabeltieren auf dem Planeten: die mit den langen, dünnen Schnäbeln und die mit den kurzen dicken Schnäbeln."

Zum Beispiel: langer und dünner Schnabel

Zum Beispiel: kurzer und dicker Schnabel

„Der Präsident empfing die Forschungsgruppe und hieß sie freundlich willkommen. Sie unterhielten sich einige Zeit über ihre Forschung, als plötzlich im Gespräch ein lauter Gong ertönte, der in allen Gebäuden zu hören war, und die Forschungsgruppe erstaunt fragte, was es mit dem lauten Gong auf sich hatte. Der Präsident winkte ab und erklärte, das wäre nur die tägliche Essensausgabe, die an allen öffentlichen Plätzen des Planeten drei Mal am Tag stattfand. Es würden große, hohe Futtertröge an den öffentlichen Plätzen stehen, die dann geöffnet würden und alle Schnabeltiere ernähren würden."

Zum Beispiel: hoher Futtertrog

„Die Forschungsgruppe fragte, ob sie gleich mit ihren Beobachtungen anfangen dürften, und die Forschenden verteilten sich an den öffentlichen Plätzen und beobachteten die Essensausgabe. Am Abend versammelten sich die Forschenden in ihrem Raumschiff und diskutierten ihre Beobachtungen. Zuerst konnten alle Schnabeltiere gleichermaßen aus den Futtertrögen essen. Dann, als das Futter immer weniger wurde, mussten die Schnabeltiere mit den langen, dünnen Schnäbeln denen mit den kurzen, dicken Schnäbeln helfen, um an das restliche Futter heranzukommen. Das lag an der Art, wie die Futtertröge gebaut waren: Sie waren lang und schmal und sobald das Futter in den Trögen gesunken war, konnten nur noch diejenigen essen, die lange Schnäbel hatten. Die Forschungsgruppe unterhielt sich lange über diesen Umstand und trug ihre Beobachtungen dann einige Tage später dem Präsidenten vor. Sie schlugen vor, die Futtertröge zu verändern, sie breiter und niedriger zu bauen, damit alle Schnabeltiere einen gleichwertigen Zugang zur Nahrung fanden und nicht auf die Hilfe der anderen angewiesen waren. Der Präsident gab den Umbau der Futtertröge kurz danach in Auftrag und die Forschungsgruppe verließ den Planeten.“

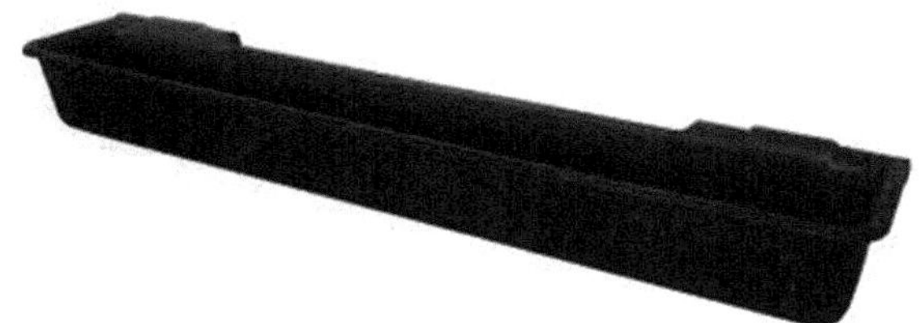

Zum Beispiel: Langfuttertrog

Anhang 5

Bildimpulse zur Anerkennung

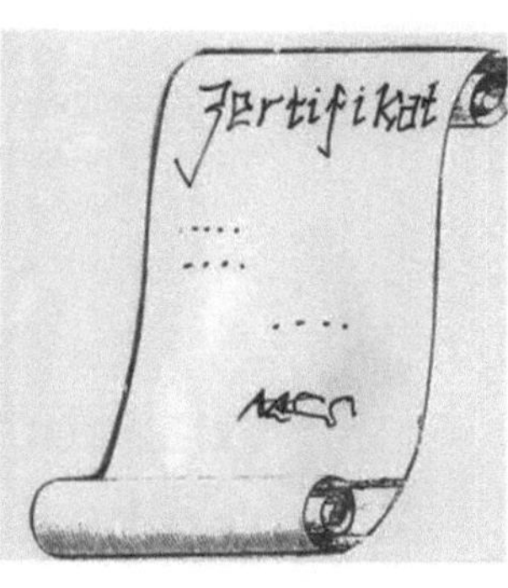